＼サクッとうかる／
社会福祉法人
経営実務検定試験

厚生労働省後援

会計 3級

公式 テキスト&トレーニング

桑原知之

第2版

ネットスクール出版

はじめに

～社会福祉法人経営実務検定試験を目指される皆様へ～

本書を手に取ったみなさんは、いいところに目を付けられましたね。

社会福祉法人における会計処理や経営管理を学習範囲とするこの試験は、その内容の社会的重要性から 2022 年度に厚生労働省の後援を得るに至りました。

保育から介護に至るまで、あらゆる場面での社会福祉の担い手である社会福祉法人の、会計はもとより経営までも学ぶ『社会福祉法人経営実務検定試験』は、今後、ますます注目され、評価されていくものと思われます。

～社会福祉法人で働く皆様へ～

社会福祉法人に勤めると、最初は現場で働くことが多いかと思われます。

しかしそんな中でよく見ると、ご自身の退職給付制度や、介護保険制度、さらには施設自体への補助金制度など、**行政から手厚く保護されている**ことに気づかれるのではないでしょうか。

今は現場で活躍されている方々も、この資格に合格し経営のノウハウを身につけ、いつしか、社会福祉法人の経営の一翼を担える存在になっていくというのも良い生き方ではないでしょうか。

～一般の簿記を学んだ皆様へ～

　一般の簿記会計のルールは、産業分野ごとの実態に則して若干異なります。つまり、一般簿記との違いを理解すれば「その分野の会計スペシャリストになれる」ことを意味しています。

　社会福祉法人は、全国で 21,000 法人ほどあり、携わる人も多ければ、お世話になる人はもっと多いのが特徴です。この分野に就転職される方は絶対に取っておくべき資格ですし、将来お世話になる方も知っておいて損はない知識でしょう。

　また、この『社会福祉法人経営実務検定試験』は厚生労働省の後援を得たことにより、社会福祉法人での認知も高まり、高い評価を得るようになることは確実です。

　社会福祉法人会計では、資金の範囲や基本金の扱いなど、一般簿記と異なる点もありますが、基本的な簿記の考え方はまったく変わりません。

　この機会に社会福祉会計を学び、自分自身の価値を高めておいてはいかがでしょうか。

　「日商簿記検定試験」の受験後に「社会福祉法人経営実務検定試験」を受験するさいの目安となる級を示すと次のようになります。

日商簿記検定試験後に受験する社会福祉法人経営実務検定試験

日商簿記検定試験	社会福祉法人　経営実務検定試験	
日商簿記1級　→	会計1級	経営管理
日商簿記2級　→	会計2級	
日商簿記3級　→	会計3級	
	入　門※	

※入門の試験には、経営管理に関する初歩的な内容も含まれています。

ネットスクール　桑原　知之

社会福祉法人経営実務検定試験 会計3級のプロフィール

社会福祉法人経営実務検定試験 会計3級とは

　　社会福祉法人経営実務検定試験とは、社会福祉法人会計に携わる人々が、業務に必要な知識を学ぶことができる認定試験です。社会福祉法人会計は企業会計とは大きく異なる会計のため、その特殊性に配慮した勉強が必要となります。

　　会計3級における受験対象者は、社会福祉法人における経理担当者レベルとなっており、社会福祉法人の職員のみならず、社会福祉法人への就職活動にも役立つものです。

　　なお、2021年12月までに17回実施されていた社会福祉会計簿記認定試験初級の名称が、2022年より社会福祉法人経営実務検定試験会計3級に変更されました。

過去の合格率

　　過去7回の合格率は、約79%となっています。

	第13回	第14回	第15回	第16回	第17回	第18回	第20回
	2017年	2018年	2019年	2020年	2021年	2022年	2023年
受験申込者	613	596	701	574	539	498	437
実受験者	558	533	640	503	478	467	405
合格者	403	393	467	396	373	422	339
合格率	72.2%	73.7%	73.0%	78.7%	78.0%	90.4%	83.7%

　　※第17回までは旧試験制度における初級として実施された試験の実績となります。

　　※第19回は入門試験のみの実施です。

受験資格・試験日など

受験資格：男女の別、年齢、学歴、国籍等の制限なく誰でも受けられる。

試験日：年間1回／12月実施

試験時間：11時30分から12時30分の60分

大問数：4問

受験料：5,500円（税込）

合格基準：100点を満点とし、70点以上。

　　　　　ただし、大問のうち1つでも0点がある場合は不合格となる。

出題範囲：出題範囲は一般財団法人総合福祉研究会のホームページをご確認ください。

　　　　　【URL　https://www.sofukuken.gr.jp/】

本書の使い方

内容理解はこの1冊でOK！

図表やイラストをふんだんに使って、読みやすくしました。

また、『Point』や『超重要』などで、学習の要点が一目でわかるようになっています。

キャラクターが補足説明します。

まとめです。復習の際に便利です。

本書の使い方

カバー裏もチェック！

本書のカバー裏には、用語集と財務諸表（貸借対照表と事業活動計算書）を掲載しています。取り外して机の前に貼るなど、学習にお役立てください。

※必要に応じてコピーなどをされることをお勧めします。

取引 売却時（期首）

期首に、建物（帳簿価額100,000）を80,000で売却し、代金は現金で受け取った。

⇒「現金（資産）の増加」　　　　　「建物（資産）の減少」
　「固定資産売却損・処分損（費用）の増加」

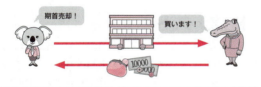

（借）現金預金	80,000	（貸）建　　物	100,000
固定資産売却損・処分損	20,000 *		

＊ 80,000（売却価額）− 100,000 = △20,000（売却損）

資金仕訳

（借）支払資金	80,000	（貸）固定資産売却収入	80,000

「売却価額−帳簿価額」がプラスになった場合、差額を「固定資産売却益（収益）」で処理します。

「売却価額−帳簿価額」がマイナスになった場合、差額を「固定資産売却損・処分損（費用）」で処理します。

超 重要

売却時に変動する支払資金は売却代金の 80,000 円です。
したがって資金収支計算書に計上される金額も売却代金の 80,000 円となり、固定資産売却損・処分損 20,000 円については、事業活動計算書のみに計上されることとなります。

取引のイメージがカンタンにつかめます。

必ずおさえておきたい重要事項です。

理解のためのツーステップ式！

「初回のアウトプットはインプットの内」と言われています。

つまり、学習は、「アウトプット（確認テストを解くこと）をしないとインプット（知識習得）は完了しない」ということを意味しています。そこで、基本知識を学んだらすぐに確認テストを解きましょう。

確認テストは、過去の試験で出題された問題が中心です。問題を解いたら必ず解説をお読み下さい。

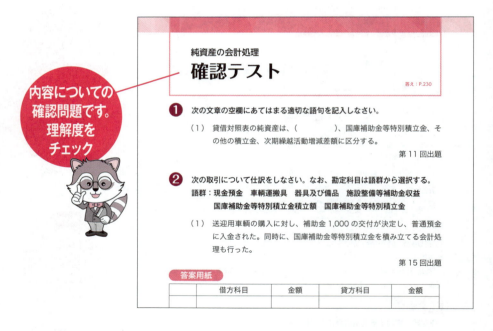

サンプル問題を使って実力を把握！

テキストと確認テストで学んだ知識を確認し、一通り学習が終わったら、サンプル問題に挑戦してみましょう。

社会福祉法人経営実務マイスター制度

　2022年度から、新しい試験制度でスタートした「社会福祉法人経営実務検定試験」（旧 社会福祉会計簿記認定試験）では、**会計1級**と**経営管理**の2科目に合格すると「**社会福祉法人経営実務マイスター**」の称号が付与されます。

　平成28年（2016年）の社会福祉法改正により、社会福祉法人にはより一層のガバナンス強化が求められることとなりました。そこで、新試験制度では会計分野に加えて、新たにガバナンス分野も出題範囲とされたのです。

　社会福祉法人の次世代を担う経営者候補として、ぜひ社会福祉法人経営実務マイスターを目指して頑張ってみませんか？

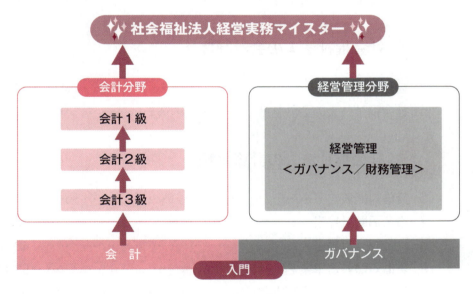

みんなでマイスターにチャレンジしよう！

頑張ります！！

CONTENTS

はじめに

～社会福祉法人経営実務検定試験を目指される皆様へ～ ……………… ii

社会福祉法人経営実務検定試験 会計3級のプロフィール ……………… iv

本書の使い方 ……………………………………………………………… vi

社会福祉法人経営実務マイスター制度 ………………………………… ix

第0章 社会福祉事業と社会福祉法人

1 社会福祉法人とは ………………………………………………… 2

2 社会福祉事業と公益事業、収益事業 ………………………… 4

3 社会福祉法人制度の変遷 ………………………………………… 6

第1章 社会福祉法人の会計制度

4 会計とは ……………………………………………………………… 10

5 社会福祉法人の会計基準 ……………………………………… 18

第2章 社会福祉法人の計算書類

6 貸借対照表 ………………………………………………………… 24

7 事業活動計算書 …………………………………………………… 34

8 資金収支計算書 …………………………………………………… 48

9 貸借対照表と事業活動計算書 ………………………………… 57

10 貸借対照表と資金収支計算書 ………………………………… 58

11 事業活動計算書と資金収支計算書 …………………………… 59

第3章 仕訳と転記

12 仕訳ってなに？ ……………………………………… 62

13 勘定口座への記入 ……………………………………… 67

第4章 日常の会計処理1 現金と預金

14 現金 ……………………………………………………… 82

15 普通預金 ………………………………………………… 84

16 当座預金 ………………………………………………… 87

17 小口現金 ………………………………………………… 92

第5章 日常の会計処理2 収益・費用の会計処理

18 事業収益の会計処理 …………………………………… 100

19 事業費と事務費の会計処理 …………………………… 105

20 人件費の会計処理 ……………………………………… 109

第6章 日常の会計処理3 その他の債権・債務

21 未収金と未払金 ………………………………………… 120

22 貸付金と借入金 ………………………………………… 126

23 前払金と前受金 ………………………………………… 133

24 仮払金と仮受金 ………………………………………… 138

25 立替金と預り金 ………………………………………… 141

第7章 固定資産の会計処理

26 固定資産 …………………………………… 150

27 減価償却 …………………………………… 154

第8章 純資産の会計処理

28 基本金 ……………………………………… 166

29 国庫補助金等特別積立金 ………………… 169

30 その他の積立金 …………………………… 172

第9章 決算1 決算手続き

31 決算手続き ………………………………… 176

32 試算表の作成 ……………………………… 178

33 決算整理事項 ……………………………… 180

第10章 決算2 計算書類の作成

34 会計の区分 ………………………………… 194

35 予算の作成 ………………………………… 196

36 計算書類の概要 …………………………… 198

37 計算書類の作成 …………………………… 201

巻末

確認テスト 解答解説 ……………………… 214

サンプル問題 解答解説 …………………… 237

索引 …………………………………………… 250

xii

第0章

社会福祉事業と社会福祉法人

❶ 社会福祉法人とは
❷ 社会福祉事業と公益事業、収益事業
❸ 社会福祉法人制度の変遷

　皆さんのまわりに老人ホームはありませんか？
　また、その老人ホームの種類はわかりますか？
　多くの方は、「えっ、老人ホームに種類があるの？」と思われることでしょう。
　実は老人ホームにはさまざまな種類があり、その中には、国や地方公共団体、そして『社会福祉法人』にしか運営できない「特別養護老人ホーム」があります。
　社会福祉法人は営利を追及する民間企業とは異なり、国や地方公共団体からの補助金や、寄附金を基に運営されています。もし、社会福祉法人が補助金や寄附金を使って、先物に投機などして損失を計上し倒産してしまったら、利用者は大迷惑です。
　このようなことにならないように、社会福祉法人には、資金支出の透明性や、倒産しないような財政基盤の強化が求められています。

社会福祉事業を行うことを目的として設立された法人です

1 社会福祉法人とは

社会福祉法人とは

社会福祉事業を行うことを目的として設立された法人を、社会福祉法人といいます。

(社会福祉法　第22条　定義)

また、社会福祉事業は「社会福祉を目的とする事業のうち、規制と助成を通じて公明かつ適正な実施の確保が図られなければならない事業」であり、利用者の保護の必要性が高い**第一種社会福祉事業**と、第一種社会福祉事業よりも比較的利用者保護の必要性が低い**第二種社会福祉事業**があります。

(社会福祉法　第2条　定義)

社会福祉法人の設立には、社会福祉法の要件を満たす必要があります。

社会福祉法人の規制と優遇措置

社会福祉法人にはさまざまな**規制**が課せられています。

例えば、設立時の所轄庁(主たる事務所の所在地の都道府県知事等)の認可要件であったり、解散時の残余財産の帰属先が国等に制限されていたりすることです。

一方で社会福祉法人には、税金などのさまざまな面で**優遇措置**が認められています。

社会福祉法人がこれらの優遇措置を受けられる理由は、社会福祉事業の**公益性の高さ**にあります。「安定した福祉サービスを継続して提供するため」には、社会福祉法人の財政基盤が安定していることが重要なので、さまざまな優遇措置が認められているのです。

社会福祉法人に対する優遇措置は、これらの規制をしっかりと遵守していることが大前提なのです。

社会福祉法人に対する規制と優遇措置

【社会福祉法人に対する規制】
・事業を実施するために供された財産はその法人の所有となり、持分は認められない。
・事業を廃止した場合の残余財産は、定款に定めた他の社会福祉事業を行う者に帰属する。なお、前述により処分されない場合には、国庫に帰属する。
・資産保有、組織運営のあり方に一定の要件がある。
・収益事業からの収益は、社会福祉事業又は一部の公益事業のみに充当する。
・法令、法令に基づく処分、定款に違反するか、又はその運営が著しく適正を欠く場合には、所轄庁による措置命令、業務停止命令、役員解職勧告、解散命令等を受ける。
　また、補助金等を受けた場合には、これに加え、不適当な予算の変更勧告、役員の解職勧告等を受ける。

【社会福祉法人に対する優遇措置(例)】
・社会福祉法人による施設整備に対し、一定額が補助される。
・**法人税、固定資産税、寄附税制等について税制上の優遇措置が講じられている。**
・社会福祉法人の経営する社会福祉施設の職員等を対象とした退職手当共済制度が設けられている。

厚生労働省HPより抜粋

「規制」と「優遇措置」は一対なのですね。

社会福祉法人が行う事業にはいくつかの種類があります

2 社会福祉事業と公益事業、収益事業

社会福祉事業とは

　社会福祉法人が行う社会福祉事業には、社会福祉法で定められた**第一種社会福祉事業**と**第二種社会福祉事業**があります。

　第一種社会福祉事業は、経営が安定している必要があるので、都道府県知事などによる指導・監督を受け、**原則として国や地方公共団体と社会福祉法人にしか経営することができません。**

　他方、**第二種社会福祉事業**には、このような制約がないため、株式会社などでも行うことができますが、都道府県知事（指定都市市長または中核市市長）への届け出が必要です。

（社会福祉法　第2条　定義）

第一種は主に入所施設です。
第二種は主に在宅サービスや通所施設です。

公益事業、収益事業とは

　社会福祉法人は、**主たる事業である社会福祉事業に支障がない限り**、**公益事業**や**収益事業**を行うことができます。

　公益事業とは、社会福祉と関係のある公益を目的として行う事業であり、その収益は社会福祉事業又は公益事業に充てなければなりません。

　収益事業とは一般の企業と同様に、事業の種類に特別の制限はありませんが、法人の社会的信用を傷つけるおそれがあるもの又は投機的なものは適当でないとされています。

（社会福祉法　第26条　公益事業及び収益事業）

第0章　社会福祉事業と社会福祉法人

point

社会福祉事業

一種	・特別養護老人ホーム ・児童養護施設 ・障害者支援施設 ・救護施設 等

二種	・保育所 ・訪問介護 ・デイサービス ・ショートステイ 等

利用者の保護を行う施設を運営
＜経営主体＞
国または地方公共団体及び**社会福祉法人**に限定

在宅生活を支えるサービスを行う
＜経営主体＞
制限はありません。

公益事業

・子育て支援事業
・入浴、排せつ、食事等の支援事業
・介護予防事業、有料老人ホーム、老人保健施設の経営
・人材育成事業
・行政や事業者等の連絡調整事業

収益事業

・貸ビル、駐車場、公共的な施設内の売店の経営

0 社会福祉事業と社会福祉法人

社会福祉の種類と分野

　社会福祉制度は自分の力では解決が難しい状況に置かれている社会的に立場が弱い人たち（高齢者、児童、障害者など）を対象として行われる**社会的な支援制度**です。

　社会福祉制度の主な対象分野、種類には「**高齢者福祉制度**」「**障害者福祉制度**」「**児童福祉制度**」などがあります。

　　　・**高齢者福祉制度**：特別養護老人ホームなど
　　　・**障害者福祉制度**：障害者自立支援のための職業訓練など
　　　・**児童福祉制度**：乳児院　児童養護施設　保育所など

5

細かい言葉にとらわれず、ザ〜と一読してみよう！

3 社会福祉法人制度の変遷

基礎的な知識として、1951（昭和26）年に社会福祉事業法（現在の社会福祉法）が制定されてから現在に至るまでの法制度、会計制度の変遷を見ておきましょう。

 1951（昭和26）年：社会福祉事業法の施行

社会福祉事業として、行政が公的責任において、ニーズの判定、サービスの提供内容、費用負担などを決定し、社会福祉法人などに委託して、社会福祉サービスの利用者にサービスを給付する**措置委託制度**が採用されました。

社会福祉法人は、公金を受け入れて運営を行うことから収支を明確にする必要があり（目的外支出は厳禁）、単式簿記による収支報告が重視されていました。

point

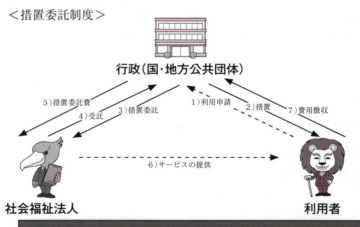

＜措置委託制度＞

サービス決定権と責任は行政にあるため非競争、非効率、非選択性

この時代は、経営努力をしてサービスの利用者を獲得する必要はありませんでした。

1976（昭和 51）年：経理規程準則の制定

　複式簿記の導入により、**貸借対照表、（資金）収支計算書**の財務2表の作成が要求されるようになりました。

 2000（平成 12）年：介護保険制度の導入

　これまでの措置委託制度に代えて、**出来高請求**（サービスを提供した毎日の実績を保険に請求する）**介護保険制度**が導入されるとともに、「**経理規程準則**」が改定され、**旧会計基準**が制定されました。

　旧会計基準により、**減価償却制度が導入**されるとともに、貸借対照表、（資金）収支計算書に加え、**事業活動収支計算書（現在の事業活動計算書）**の作成が要求されるようになりました。

 　競争原理が働く中、経営努力をして、より良いサービスを提供しないと利用者を獲得できない状況となりました。

 2011（平成 23）年：新会計基準公表（強制施行は 2015 年）

　これまで、旧会計基準以外に施設の種類に合わせたさまざまな会計基準が存在していましたが、**新会計基準に一本化**され、資金の増減や事業活動の採算の比較ができるようになりました。

　一般企業の会計で導入されている会計処理（1年基準、リース会計、減損会計、税効果会計など）も導入され、一般企業との比較も容易になりました。

2016(平成28)年：社会福祉法の大改正

　経営組織の見直し、事業運営の透明性の向上、財務規律の強化などが行われるとともに、新会計基準となる『社会福祉法人会計基準』が厚生労働省令として交付されました。

　自法人のホームページやＷＡＭＮＥＴ（ワムネット）による公表制度が導入されました。

> 法令化により、違反した場合は法令違反となります。
> また、ＷＡＭＮＥＴでは、ほぼすべての社会福祉法人の計算書類が閲覧できます。

　この後も改正は行われ、2020年には、社会福祉法人の大規模化を促す「合併・事業譲渡等マニュアル」も公表されています。

　第０章には確認テストはありません。

第1章

社会福祉法人の会計制度

4 会計とは
5 社会福祉法人の会計基準

　社会福祉法人は、その運営については「社会福祉法」という法律に定められています。

　同様に、日々の会計処理についてもルールが設けられています。

　厚生労働省令として定められている「社会福祉法人会計基準」や運用指針を定めた「局長通知」、運用上の留意事項を定めた「課長通知」などが該当します。

　これらの基準や通知の位置づけとともに、社会福祉法人が行わなければならない会計処理についてみていきましょう。

日々の活動の記録と報告です

4 会計とは

会計とは？

　会計とは、日々のお金の動きを記録し報告するまでの一連の流れのことです。

　つまり、「何にいくら使ったか」「なぜお金が増えたのか」といったお金の増減要因について記録、報告をすることです。

　また、お金以外にも企業や社会福祉法人が所有している資産や、抱えている負債の額についての記録、報告もまた、会計の重要な役割です。

「会計」とは、「個人や企業などの経済活動状況を記録し、情報化すること」と定義されています。

記録から報告までの流れ

日々の活動を記録し報告するまでの一連の流れは以下のとおりです。

①**取　　引**　…　法人の資産や負債、純資産の増減を伴う事象のことを指します

②**仕　　訳**　…　①の取引を**勘定科目**と**金額**を用いて整理し、帳簿へ記入するための準備をします

③**帳簿記入**　…　②の仕訳を一定のルールにしたがって帳簿に記録します

④**試算表の作成** … ③の記入に誤りがないか毎月末にチェックするために、試算表を作成します

⑤**計算書類の作成** … ④の試算表（1年分）を基に報告書（**計算書類**）を作成します

仕訳や帳簿記入等の具体的な方法は、第3章で学習します。

計算書類とは？

　社会福祉法人制度は、介護保険制度や障害者自立支援法の導入により大きく見直しがされました。

　これらの制度が導入されたことにより、社会福祉法人は行政主体の「**措置制度**」から利用者主体の「**契約制度**」へと移行することになりました。

　「措置制度」時代は、社会福祉法人の運営費（措置費と呼ばれていました）は公費で賄われていました。したがって措置費が目的通り正しく使われているかどうかの管理が重要視され、「資金の収支」を明確に報告することだけが要求されていたのです。

　しかし「契約制度」では一部公費負担はあるものの、利用者からも運営費用（利用者負担金）を徴収することになり、利用者は自分で利用施設を選択できるようになりました。そうなると、単に資金の収支だけを見るのだけではなく、法人全体の財産はどのようになっているのか、経営のバランスはとれているのか、など、資金の収支だけでは判断できなくなってきてしまいました。

　そこで、現在の社会福祉法人会計では、次の3つの書類を作成、公表することが義務付けられたのです。

　これらの書類を「**計算書類**」といいます。

・資金収支計算書
　一定期間の**資金の増加要因**である**収入**と**資金の減少要因**である**支出**を明らかにする書類
・事業活動計算書
　一定期間の日々の活動から生じる収益と費用の内容を明らかにし、収益と費用の差額から**純資産の増減**を計算する書類
・貸借対照表
　社会福祉法人の**一定時点**の**財産状況**を報告するための書類

社会福祉法

第45条の27（計算書類の作成及び保存）
　2　社会福祉法人は、毎会計年度終了後３ヶ月以内に、厚生労働省令で定めるところにより、各会計年度に係る計算書類（貸借対照表及び収支計算書＊をいう。以下この款において同じ。）及び事業報告並びにこれらの附属明細書を作成しなければならない。
　3　計算書類及び事業報告並びにこれらの附属明細書は、電磁的記録をもって作成することができる。
　4　社会福祉法人は、計算書類を作成した時から十年間、当該計算書類及びその附属明細書を保存しなければならない。

＊社会福祉法の収支計算書とは、資金収支計算書と事業活動計算書を指しています。

社会福祉法人の計算書類は、必ず１円単位で作成しなくてはなりません。

会計期間とは？

　計算書類を作成するためには、社会福祉法人の活動を一定期間（通常1年）で区切って記録・計算をする必要があります。この一定期間のことを**会計期間**（会計年度）といいます。

　現在の会計期間を**当期**といい、その最初の日を**期首**、最後の日を**期末**といい、その間を**期中**といいます。

　なお、期末に決算を行い、計算書類を作成することから、期末の日を**決算日**ともいいます。

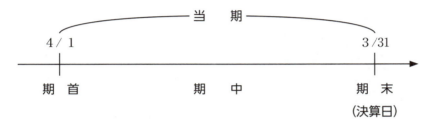

　社会福祉法人の会計年度は、毎年4月1日から3月31日の1年間と決められています。

勘定科目

　計算書類は、決められた用語と金額を用いて作成しなくてはなりません。この用語を「**勘定科目**」といいます。

　社会福祉法人の勘定科目は、「**大区分**」「**中区分**」「**小区分**」に分類されています。作成する計算書類や附属明細書によってどの区分の勘定科目を記載するかが定められているのですが、会計3級では主に大区分（仕訳では中区分）の科目を用いて説明します。

　具体的な科目は後で学習しますので、ここでは「法人単位資金収支計算書（第1号第1様式）」「法人単位事業活動計算書（第2号第1様式）」「法人単位貸借対照表（第3号第1様式）」の各様式を見てみましょう。

第一号第一様式(第十七条第四項関係)

法人単位資金収支計算書

(自)令和 年 月 日 (至)令和 年 月 日

(単位：円)

	勘定科目		予算(A)	決算(B)	差異(A)−(B)	備考
事業活動による収支	収入	介護保険事業収入				
		老人福祉事業収入				
		児童福祉事業収入				
		保育事業収入				
		就労支援事業収入				
		障害福祉サービス等事業収入				
		生活保護事業収入				
		医療事業収入				
		退職共済事業収入				
		(何)事業収入				
		(何)収入				
		借入金利息補助金収入				
		経常経費寄附金収入				
		受取利息配当金収入				
		社会福祉連携推進業務貸付金受取利息収入				
		その他の収入				
		流動資産評価益等による資金増加額				
		事業活動収入計(1)				
	支出	人件費支出				
		事業費支出				
		事務費支出				
		就労支援事業支出				
		授産事業支出				
		退職共済事業支出				
		(何)支出				
		利用者負担軽減額				
		支払利息支出				
		社会福祉連携推進業務借入金支払利息支出				
		その他の支出				
		流動資産評価損等による資金減少額				
		事業活動支出計(2)				
		事業活動資金収支差額(3)＝(1)−(2)				
施設整備等による収支	収入	施設整備等補助金収入				
		施設整備等寄附金収入				
		設備資金借入金収入				
		社会福祉連携推進業務設備資金借入金収入				
		固定資産売却収入				
		その他の施設整備等による収入				
		施設整備等収入計(4)				
	支出	設備資金借入金元金償還支出				
		社会福祉連携推進業務設備資金借入金元金償還支出				
		固定資産取得支出				
		固定資産除却・廃棄支出				
		ファイナンス・リース債務の返済支出				
		その他の施設整備等による支出				
		施設整備等支出計(5)				
		施設整備等資金収支差額(6)＝(4)−(5)				
その他の活動による収支	収入	長期運営資金借入金元金償還寄附金収入				
		長期運営資金借入金収入				
		役員等長期借入金収入				
		社会福祉連携推進業務長期運営資金借入金収入				
		長期貸付金回収収入				
		社会福祉連携推進業務長期貸付金回収収入				
		投資有価証券売却収入				
		積立資産取崩収入				
		その他の活動による収入				
		その他の活動収入計(7)				
	支出	長期運営資金借入金元金償還支出				
		役員等長期借入金元金償還支出				
		社会福祉連携推進業務長期運営資金借入金元金償還支出				
		長期貸付金支出				
		社会福祉連携推進業務長期貸付金支出				
		投資有価証券取得支出				
		積立資産支出				
		その他の活動による支出				
		その他の活動支出計(8)				
		その他の活動資金収支差額(9)＝(7)−(8)				
予備費支出(10)			×××] △×××	—	×××	
当期資金収支差額合計(11)＝(3)+(6)+(9)−(10)						

前期末支払資金残高(12)				
当期末支払資金残高(11)＋(12)				

(注)予備費支出△×××円は(何)支出に充当使用した額である。

※ 本様式は、勘定科目の大区分のみを記載するが、必要のないものは省略することができる。ただし追加・修正はできないものとする。

第二号第一様式(第二十三条第四項関係)

法人単位事業活動計算書
(自)令和　年　月　日　(至)令和　年　月　日

(単位：円)

		勘定科目	当年度決算(A)	前年度決算(B)	増減(A)－(B)
サービス活動増減の部	収益	介護保険事業収益			
		老人福祉事業収益			
		児童福祉事業収益			
		保育事業収益			
		就労支援事業収益			
		障害福祉サービス等事業収益			
		生活保護事業収益			
		医療事業収益			
		退職共済事業収益			
		(何)事業収益			
		(何)収益			
		経常経費寄附金収益			
		その他の収益			
		サービス活動収益計(1)			
	費用	人件費			
		事業費			
		事務費			
		就労支援事業費用			
		授産事業費用			
		退職共済事業費用			
		(何)費用			
		利用者負担軽減額			
		減価償却費			
		国庫補助金等特別積立金取崩額	△××	△××	
		貸倒損失額			
		貸倒引当金繰入			
		徴収不能額			
		徴収不能引当金繰入			
		その他の費用			
		サービス活動費用計(2)			
		サービス活動増減差額(3)＝(1)－(2)			
サービス活動外増減の部	収益	借入金利息補助金収益			
		受取利息配当金収益			
		社会福祉連携推進業務貸付金受取利息収益			
		有価証券評価益			
		有価証券売却益			
		基本財産評価益			
		投資有価証券評価益			
		投資有価証券売却益			
		積立資産評価益			
		その他のサービス活動外収益			
		サービス活動外収益計(4)			
	費用	支払利息			
		社会福祉連携推進業務借入金支払利息			
		有価証券評価損			
		有価証券売却損			
		基本財産評価損			
		投資有価証券評価損			
		投資有価証券売却損			
		積立資産評価損			
		その他のサービス活動外費用			
		サービス活動外費用計(5)			
		サービス活動外増減差額(6)＝(4)－(5)			
		経常増減差額(7)＝(3)＋(6)			

特別増減の部	収益	施設整備等補助金収益 施設整備等寄附金収益 長期運営資金借入金元金償還寄附金収益 固定資産受贈額 固定資産売却益 その他の特別収益		
		特別収益計(8)		
	費用	基本金組入額 資産評価損 固定資産売却損・処分損 国庫補助金等特別積立金取崩額(除却等) 国庫補助金等特別積立金積立額 災害損失 その他の特別損失	△××× 	△×××
		特別費用計(9)		
		特別増減差額(10)=(8)−(9)		
当期活動増減差額(11)=(7)+(10)				
繰越活動増減差額の部		前期繰越活動増減差額(12)		
		当期末繰越活動増減差額(13)=(11)+(12)		
		基本金取崩額(14)		
		その他の積立金取崩額(15)		
		その他の積立金積立額(16)		
		次期繰越活動増減差額(17)=(13)+(14)+(15)−(16)		

※ 本様式は、勘定科目の大区分のみを記載するが、必要のないものは省略することができる。ただし追加・修正はできないものとする。

第1章 社会福祉法人の会計制度

第三号第一様式(第二十七条第四項関係)

法人単位貸借対照表

令和　年　月　日現在

（単位：円）

資　産　の　部	当年度末	前年度末	増減	負　債　の　部	当年度末	前年度末	増減
流動資産				流動負債			
現金預金				短期運営資金借入金			
有価証券				事業未払金			
事業未収金				その他の未払金			
未収金				支払手形			
未収補助金				社会福祉連携推進業務短期運営			
未収収益				資金借入金			
受取手形				役員等短期借入金			
貯蔵品				1年以内返済予定社会福祉連携推			
医薬品				進業務設備資金借入金			
診療・療養費等材料				1年以内返済予定設備資金借入金			
給食用材料				1年以内返済予定社会福祉連携推			
商品・製品				進業務長期運営資金借入金			
仕掛品				1年以内返済予定長期運営資金借			
原材料				入金			
立替金				1年以内返済予定リース債務			
前払金				1年以内返済予定役員等長期借入			
前払費用				金			
1年以内回収予定社会福祉連携推				1年以内支払予定長期未払金			
進業務長期貸付金				未払費用			
1年以内回収予定長期貸付金				預り金			
社会福祉連携推進業務短期貸付				職員預り金			
金				前受金			
短期貸付金				前受収益			
仮払金				仮受金			
その他の流動資産				賞与引当金			
貸倒引当金	△×××	△×××		その他の流動負債			
徴収不能引当金	△×××	△×××					
固定資産				固定負債			
基本財産				社会福祉連携推進業務設備資金			
土地				借入金			
建物				設備資金借入金			
建物減価償却累計額	△×××	△×××		社会福祉連携推進業務長期運営			
定期預金				資金借入金			
投資有価証券				長期運営資金借入金			
その他の固定資産				リース債務			
土地				役員等長期借入金			
建物				退職給付引当金			
構築物				役員退職慰労引当金			
機械及び装置				長期未払金			
車輌運搬具				長期預り金			
器具及び備品				退職共済預り金			
建設仮勘定				その他の固定負債			
有形リース資産				負債の部合計			
(何)減価償却累計額	△×××	△×××		純　資　産　の　部			
権利				基本金			
ソフトウェア				国庫補助金等特別積立金			
無形リース資産				その他の積立金			
投資有価証券				(何)積立金			
社会福祉連携推進業務長期貸				次期繰越活動増減差額			
付金				(うち当期活動増減差額)			
長期貸付金							
退職給付引当資産							
長期預り金積立資産							
退職共済事業管理資産							
(何)積立資産							
差入保証金							
長期前払費用							
その他の固定資産							
貸倒引当金	△×××	△×××					
徴収不能引当金	△×××	△×××					
				純資産の部合計			
資産の部合計				負債及び純資産の部合計			

※　本様式は、勘定科目の大区分及び中区分を記載するが、必要のない中区分の勘定科目は省略することができる。
※　勘定科目の中区分についてはやむを得ない場合、適当な科目を追加できるものとする。

社会福祉法人会計のルールブックです

5 社会福祉法人の会計基準

会計基準とは

　会計基準とは、計算書類やその元となる会計帳簿などを作成するためのルールのことです。会計基準に沿った処理を行うことで、その会計情報は信頼できるものとなり、他の法人との比較もできます。
　会計基準は一般企業、非営利組織であるNPO法人、政府などのさまざまな組織に応じたものがあり、社会福祉法人にも固有の会計基準があります。

社会福祉法人会計基準

　社会福祉法人が準拠すべき会計の基準は、「**会計基準省令**」によって、次のように規定されています。

会計基準省令

（第1章　総則）
第1条　社会福祉法人は、この省令で定めるところに従い、会計処理を行い、会計帳簿、計算書類（貸借対照表及び収支計算書をいう。以下同じ。）、その附属明細書及び財産目録を作成しなければならない。
　2　社会福祉法人は、この省令に定めるもののほか、一般に公正妥当と認められる社会福祉法人会計の慣行を斟酌＊しなければならない。
　3　この省令の規定は、社会福祉法人が行う全ての事業に関する会計に適用する。

＊斟酌：あれこれ照らし合わせて取捨すること。

第1章　社会福祉法人の会計制度

また、「**会計基準省令**」の本文を補足するために、下記の2つの通知が発出されています。

① 「社会福祉法人会計基準の制定に伴う会計処理等に関する運用上の取扱いについて」

本書では「運用上の取扱い」（局長通知）と記載します。

② 「社会福祉法人会計基準の制定に伴う会計処理等に関する運用上の留意事項について」

本書では「運用上の留意事項」（課長通知）と記載します。

なお、上記通知に加え事務連絡も省令の補足として発出されています。

「会計基準省令」と、「運用上の取扱い」（局長通知）および「運用上の留意事項」（課長通知）の関係をまとめると以下のようになります。

point　社会福祉法人会計基準の構成

■社会福祉法人会計基準は、「会計基準省令」と一般に公正妥当と認められる社会福祉法人会計の慣行を記載した通知（「運用上の取扱い」、「運用上の留意事項」）によって構成される。

社会福祉法人会計基準省令
- 会計基準の目的や一般原則等、会計ルールの基本原則を定めるもの。
- 計算書類の様式、勘定科目を規定

社会福祉法人会計基準の制定に伴う会計処理等に関する運用上の取扱いについて（局長通知）
- 基準省令の解説
- 附属明細書及び財産目録の様式を規定

社会福祉法人会計基準の制定に伴う会計処理等に関する運用上の留意事項について（課長通知）
- 基準省令及び運用上の取扱いでは定めていない一般に公正妥当と認められる社会福祉法人会計の慣行
- 各勘定科目の説明を規定

資料：厚生労働省

また、「会計基準省令」はすべての社会福祉法人に適用される会計基準ですが、それぞれの法人の特殊性により、使用する具体的な勘定科目などは異なることがあります。そのため、各法人は管理組織を確立し、自らの組織に則した会計処理ルールを「**経理規程**」として定めることとされています。

　組織に則した会計処理ルールとなる「**経理規程**」については、「**運用上の留意事項**」（**課長通知**）において、次のように通知されています。

運用上の留意事項

（課長通知）
1　管理組織の確立
(1)　法人における予算の執行及び資金等の管理に関しては、あらかじめ運営管理責任者を定める等法人の管理運営に十分配慮した体制を確保すること。
　　また、内部牽制に配意した業務分担、自己点検を行う等、適正な会計事務処理に努めること。
(2)　会計責任者については理事長が任命することとし、会計責任者は取引の遂行、資産の管理及び帳簿その他の証憑書類の保存等会計処理に関する事務を行い、又は理事長の任命する出納職員にこれらの事務を行わせるものとする。
(3)　（省略）
(4)　法人は、上記事項を考慮し、会計基準省令に基づく適正な会計処理のために必要な事項について**経理規程**を定めるものとする。

「会計基準」、「会計の慣行」、「経理規程」の関係は次のようになります。

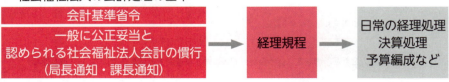

　社会福祉法人の会計基準は、社会福祉法人が行う全ての事業に適用され、公益事業や収益事業も適用対象となります。

社会福祉法人の会計制度
確認テスト

答え：P.214

1 社会福祉法人の会計制度

❶ 次の空欄に当てはまる適切な語句を記入しなさい。

（1） 社会福祉法人の会計期間は、毎年（　　　　）から（　　　　）の
　　　 １年間である。

（2） 社会福祉法人が作成しなくてはならない計算書類は、（　　　　　　）
　　　 （　　　　　　）（　　　　　）の３つである。

（3） 計算書類は決められた用語を用いて作成しなくてはならないが、この
　　　 用語を（　　　　）という。

（4） 計算書類に記載する金額は、（　　）単位をもって表示する。

Column
深刻な 2040 年問題……

「2040年問題」という言葉をご存じでしょうか？

少子高齢化が進み、2040年には65歳以上の高齢者が4,000万人近くに達する見込みとなり、全人口の約36％が高齢者ということになります。

一方で少子化はどんどん進んでいて、2021年の出生数は81万人であり、ピーク時であった1970年代の出生数200万人から比較すると半分以下となってしまいました。

この現状を踏まえ、2040年には

・社会保障費の財源不足

・医療、福祉従事者の人材不足

といった深刻な問題が起こると予測されています。これがいわゆる「2040年問題」なのです。

この問題を解決するための方策の1つが「年金改革」です。

健康で元気な高齢者の方々には、積極的に就労を促し、年金を受取る側から納める側になってもらおう、ということですね。

皆さんも、某ハンバーガーショップで元気に働いていらっしゃる高齢者の方々を見かけたことがあるのではないでしょうか？　高齢者の方々がとても楽しそうに活き活きとお仕事をされているのを拝見してびっくりする気持ちと同時に、「自分も長く現役で頑張りたいなぁ……」と思います。

このような背景から、積極的に高齢者の再就職を受け入れている企業がどんどん増えているようです。

人生100年時代、そのうち「高齢者」の年齢の定義も変るかもしれませんね……。

 まだまだ現役だぁ！！

第2章

社会福祉法人の計算書類

❻ 貸借対照表
❼ 事業活動計算書
❽ 資金収支計算書
❾ 貸借対照表と事業活動計算書
❿ 貸借対照表と資金収支計算書
⓫ 事業活動計算書と資金収支計算書

> ここからは、社会福祉法人の計算書類について学習していきましょう。
> 計算書類には以下の3つがあります。
> ①貸借対照表
> ②事業活動計算書
> ③資金収支計算書
> 　これらの計算書類の内容をしっかりと理解した上で、日常の取引がどのように計算書類に影響するのかを見ていきます。

> 【単位（金額）についての本書での取扱いについて】
> 　本書では、本試験の形式に合わせて金額の単位は省略しています。
> 　また、外出先でも学習しやすいように、金額は簡素にしてあります。

法人の財務状況を把握しよう

6 貸借対照表

貸借対照表とは？

　貸借対照表とは、社会福祉法人の**決算日における財産の状況**を報告するための計算書類です。

　左側には**資産**が記載され、右側の上部には**負債**、下部には**純資産**が記載されます。

　貸借対照表は**左側（資産）の合計と右側（負債及び純資産）の合計が必ず一致する**ことから、Balance Sheet（バランスシート）とも呼ばれ、英語の頭文字からB/Sと略されます。

　貸借対照表は資金の流れを示す表でもあり、右側の負債と純資産は資金をどのように調達したか（資金の調達源泉）を示し、左側の資産は、資金をどのように運用したか（資金の運用形態）を示しています。

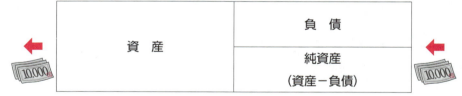

貸借対照表（概要）

point

資産 － 負債 ＝ 純資産

資産 ＝ 負債 ＋ 純資産

貸借対照表の左側（借方）と右側（貸方）の合計金額は必ず一致します。これを「貸借平均の原理」と言います。

持っているものが資産

「あなたは、どのような資産を持っていますか？」と聞かれたら、みなさんは財布の中の現金や銀行の預金などを思い浮かべるかもしれません。しかし、資産はそれだけでしょうか？

電化製品はもちろんのこと、住宅や車などをお持ちの方もいらっしゃることでしょう。

これらのすべてが、あなたの**資産**ということになります。「持っていてプラスになるもの」、これが資産です。

返さなければならないものが負債

「あなたが返さなければならないもの」には、どのようなものがありますか？
　住宅や車のローンがある、家族に借金がある、奨学金の返済が残っているという方もいらっしゃることでしょう。

　借りているもの、これから支払わなければならないものなどです。

　「これから支払わなければならないもの」のすべてが**負債**ということになります。

流動資産と固定資産　流動負債と固定負債

さらに、資産は「**流動資産**」と「**固定資産**」に区分し、負債は「**流動負債**」と「**固定負債**」に区分します。

この流動と固定の区分は、「短期的に回収や支払いができるかどうか」で判断します。

具体的には決算日を基準として**1年以内（短期的）**に回収（現金化）**される資産**を「流動資産」、**1年以内（短期的）**に支払わなくてはならない**負債**を「流動負債」とし、それ以外を長期的なものとして「固定資産」「固定負債」に分類します。

この流動と固定の分類方法を「**1年基準**」といいます。

	<資産>	<負債>	
1年	流動資産	流動負債	短期
	固定資産	固定負債	長期

貸借対照表（概要）

流動資産	流動負債
	固定負債
固定資産	純資産

例えば、商品の購入代金や給料は、現金や預金でなら支払うことができますが、同じ資産であっても土地や建物では支払えません。そこで、貸借対照表では短期的に現金化できる「流動資産」と、そうでない「固定資産」とに分けて記載する必要性が生じてきます。

給料として土地をドーンともらっても、日々の食費に充てることもできないので飢えてしまいそうですよね。

社会福祉法人の元手となるのが純資産

　純資産は、資産と負債の差額ですが、言い換えれば社会福祉法人の「自己資本」とも言えます。株式会社であれば株主からの払込金である「資本金」が会社の元手となっていますが、社会福祉法人は非営利なので配当などの利益分配は行いません。したがって、個人や民間企業などからの「寄附」が社会福祉法人の元手となります。

貸借対照表の主な勘定科目

　社会福祉法人の具体的な資産、負債、純資産の科目は以下のとおりです。

【流動資産】

大区分	中区分	説明
流動資産	現金預金	紙幣や小銭、普通預金などの総称
	有価証券	株式や債券（国債、地方債、社債等）などのうち時価の変動により短期的に利益を得ることを目的とする証券及び1年以内に期限が到来する債権
	事業未収金	福祉サービスに対する報酬の未回収額 請求から回収までの期間に用いる
	未収金	福祉サービスの報酬以外の収益に対する未回収額
	未収補助金	地方公共団体などからの補助金の未収額 補助金の支給決定通知を受け取ってから入金までの期間に用いる
	貯蔵品	消耗品等で決算日現在に未使用の物品
	立替金	一時的に立替払いをした場合の債権額
	前払金	物品購入代金等の一部または全部の前払い額

第2章 社会福祉法人の計算書類

前払費用	一定の契約に従い継続して役務（サービス）の提供を受ける場合、役務提供されていない未来の期間に対し支払われた額
1年以内回収予定長期貸付金	長期貸付金のうち貸借対照表日の翌日から起算して1年以内に入金期限が到来する額
短期貸付金	生計困窮者に対して無利子または低利で資金を融通する事業、法人が職員の質の向上や福利厚生の一環として行う奨学金貸付等、貸借対照表日の翌日から起算して1年以内に入金の期限が到来する額
仮払金	内容・金額が未確定の支出額を、確定するまでの間に一時的に処理するための科目
徴収不能引当金	未収金等について回収不能と見込まれる額を見積もったときの引当金をいう

【固定資産】

大区分	中区分	説明
固定資産	土地	法人が事業目的で所有する土地
	建物	法人が事業目的で所有する建物
	投資有価証券	長期的に所有する有価証券
	構築物	建物以外の土地に固着している建造物
	機械及び装置	経営目的のために所有、使用している製造機械や装置
	車輌運搬具	送迎用バス、乗用車、入浴車等
	器具及び備品	業務で使用するパソコンや机、椅子、電化製品等で取得価額が10万円以上かつ1年以上使用できるもの
	ソフトウェア	コンピュータソフトウェアに係る費用で、外部から購入した場合の取得に要した費用、ないしは制作にかかった費用

29

大区分	中区分	説明
	長期貸付金	生計困窮者に対して無利子または低利で資金を融通する事業、法人が職員の質の向上や福利厚生の一環として行う奨学金貸付等、貸借対照表日の翌日から起算して入金の期限が1年を超えて到来するもの
	長期前払費用	時の経過に依存する継続的な役務の享受取引に対する前払分で貸借対照表日の翌日から起算して1年を超えて費用化される未経過分の金額

※固定資産は、「**基本財産**」に帰属する物と「**その他の固定資産**」に帰属する物があります。

【流動負債】

大区分	中区分	説明
流動負債	短期運営資金借入金	経常経費に係る外部からの借入金で、貸借対照表日の翌日から起算して1年以内に支払の期限が到来する額
	事業未払金	利用者に対するサービス提供のための費用等の未払額
	その他の未払金	上記以外の未払額
	1年以内返済予定設備資金借入金	設備資金借入金のうち、貸借対照表日の翌日から起算して1年以内に支払の期限が到来する額
	1年以内返済予定長期運営資金借入金	長期運営資金借入金のうち、貸借対照表日の翌日から起算して1年以内に支払の期限が到来する額
	1年以内支払予定長期未払金	長期未払金のうち貸借対照表日の翌日から起算して1年以内に支払の期限が到来する額
	預り金	職員以外の者からの一時的な預り額
	職員預り金	源泉徴収税額及び社会保険料などの徴収額等、職員に関する一時的な預り額

第2章 社会福祉法人の計算書類

前受金	物品等の売却代金及び役務提供の対価の一部又は全部を事前に受け取った場合に使用
仮受金	処理すべき科目又は金額が確定しない場合の収入金額を一時的に処理する科目
賞与引当金	支給対象期間に基づき定期に支給する職員賞与に係る引当金

【固定負債】

大区分	中区分	説明
固定負債	設備資金借入金	施設設備等に係る外部からの借入金で、貸借対照表日の翌日から起算して支払の期限が1年を超えて到来する額
	長期運営資金借入金	経常経費に係る外部からの借入金で、貸借対照表日の翌日から起算して支払の期限が1年を超えて到来する額
	退職給付引当金	将来支給する退職金のうち、当該会計年度末までに発生していると認められる金額
	長期未払金	固定資産に対する未払額等で貸借対照表日の翌日から起算して支払の期限が1年を超えて到来する額

【純資産】

大区分	中区分	説明
基本金		社会福祉法人の設立や施設の創設のための寄附金額や土地等の贈与額
国庫補助金等特別積立金		社会福祉法人の施設の建設に対する国または地方公共団体からの補助金
その他の積立金	○○積立金	将来の特定の目的のために積み立てられた積立金
次期繰越活動増減差額		社会福祉法人の活動から生じた剰余金

社会福祉法人の貸借対照表の特徴

　一般企業の貸借対照表と基本的には同じですが、社会福祉法人の貸借対照表には次の特徴があります。

1．固定資産の区分と内容

　固定資産は、受け入れた**基本金や国庫補助金などで取得した、維持すべき資産**である「基本財産」と、それ以外の「その他の固定資産」に区分されています。

2．純資産の区分と内容

　純資産の区分に、**外部から受け入れた**「基本金」の他に、**国や地方公共団体等から受け入れた**「国庫補助金等特別積立金」、さらに、社会福祉法人として**活動した結果、当期末に残ったものを表す**「次期繰越活動増減差額」といった科目が表示されています。

　「基本財産」とは、当該社会福祉法人の定款に「基本財産」として定められている固定資産のことです。

　以下、各事業所で作成される拠点区分貸借対照表（第3号第4様式）の様式を紹介しておきます。
　なお、区分については第10章で詳しく学習します。

第2章 社会福祉法人の計算書類

第三号第四様式（第二十七条第四項関係）

(何)拠点区分　貸借対照表

令和　年　月　日現在

（単位：円）

資　産　の　部				負　債　の　部			
	当年度末	前年度末	増減		当年度末	前年度末	増減
流動資産				流動負債			
現金預金				短期運営資金借入金			
有価証券				事業未払金			
事業未収金				その他の未払金			
未収金				支払手形			
未収補助金				社会福祉連携推進業務短期運営資金借入金			
未収収益				役員等短期借入金			
受取手形				1年以内返済予定社会福祉連携推進業務設備資金借入金			
貯蔵品							
医薬品				1年以内返済予定設備資金借入金			
診療・療養費等材料				1年以内返済予定社会福祉連携推進業務長期運営資金借入金			
給食用材料							
商品・製品				1年以内返済予定長期運営資金借入金			
仕掛品							
原材料				1年以内返済予定リース債務			
立替金				1年以内返済予定役員等長期借入金			
前払金							
前払費用				1年以内返済予定事業区分間長期借入金			
1年以内回収予定社会福祉連携推進業務長期貸付金							
				1年以内返済予定拠点区分間長期借入金			
1年以内回収予定長期貸付金							
1年以内回収予定事業区分間長期貸付金				1年以内支払予定長期未払金			
				未払費用			
1年以内回収予定拠点区分間長期貸付金				預り金			
				職員預り金			
社会福祉連携推進業務短期貸付金				前受金			
				前受収益			
短期貸付金				事業区分間借入金			
事業区分間貸付金				拠点区分間借入金			
拠点区分間貸付金				仮受金			
仮払金				賞与引当金			
その他の流動資産				その他の流動負債			
貸倒引当金	△×××	△×××					
徴収不能引当金	△×××	△×××					
固定資産				固定負債			
基本財産				社会福祉連携推進業務設備資金借入金			
土地							
建物				設備資金借入金			
建物減価償却累計額	△×××	△×××		社会福祉連携推進業務長期運営資金借入金			
定期預金							
投資有価証券				長期運営資金借入金			
その他の固定資産				リース債務			
土地				役員等長期借入金			
建物				事業区分間長期借入金			
構築物				拠点区分間長期借入金			
機械及び装置				退職給付引当金			
車輌運搬具				役員退職慰労引当金			
器具及び備品				長期未払金			
建設仮勘定				長期預り金			
有形リース資産				退職共済預り金			
(何)減価償却累計額	△×××	△×××		その他の固定負債			
権利				負債の部合計			
ソフトウェア				純　資　産　の　部			
無形リース資産				基本金			
投資有価証券				国庫補助金等特別積立金			
社会福祉連携推進業務長期貸付金				その他の積立金			
				(何)積立金			
長期貸付金				次期繰越活動増減差額			
事業区分間長期貸付金				(うち当期活動増減差額)			
拠点区分間長期貸付金							
退職給付引当資産							
長期預り金積立資産							
退職共済事業管理資産							
(何)積立資産							
差入保証金							
長期前払費用							
その他の固定資産							
貸倒引当金	△×××	△×××					
徴収不能引当金	△×××	△×××		純資産の部合計			
資産の部合計				負債及び純資産の部合計			

※　本様式は、勘定科目の大区分及び中区分を記載するが、必要のない中区分の勘定科目は省略することができる。
※　勘定科目の中区分についてはやむを得ない場合、適当な科目を追加できるものとする。

日々の活動の成果を報告します

7 事業活動計算書

事業活動計算書とは？

　社会福祉法人の当期における全ての**純資産の増減内容**を報告するための計算書類です。

　具体的には、当期に得た収益から当期に発生した費用を差引いて「**当期活動増減差額**」を求めます。

　次に、この当期活動増減差額に前期繰越活動増減差額を加えることで「**当期末繰越活動増減差額**」を計算します。

　最後に、この当期末繰越活動増減差額に基本金や積立金の取崩額を加算し、積立金の積立額を減算すると貸借対照表の「**次期繰越活動増減差額**」となります。

　事業活動計算書は、一般企業の「**損益計算書**」に該当します。「損益計算書」は英語で Profit & Loss Statement と呼ばれることから P/L と略されます。

　収益と費用の差額である「**当期活動増減差額**」は、社会福祉法人の事業活動の「成果」と捉えてください。

収益と費用

　収益とは、福祉サービスを提供した対価として受取る報酬などで、**純資産の増加要因**です。

　費用とはサービスを提供するため、または社会福祉法人を運営していくために必要な支出で、**純資産の減少要因**です。

第2章 社会福祉法人の計算書類

事業活動計算書の勘定科目

社会福祉法人の具体的な収益、費用の科目の一部を紹介します。

【収益】
<サービス活動増減による収益>

大区分	中区分	説明
〇〇事業収益	〇〇事業収益	サービスを提供した対価としての報酬額 〇〇事業収益の「〇〇」は具体的なサービスの内容を記載する 例：介護保険事業収益　保育事業収益　等
経常経費寄附金収益		施設運営の経費として受取った寄附金額

<サービス活動外増減による収益>

借入金利息補助金収益		施設整備及び設備整備に対する借入金利息に係る地方公共団体からの補助金等
受取利息配当金収益		預貯金、有価証券、貸付金等の利息及び出資金等に係る配当金等

<特別増減による収益>

施設整備等補助金収益	施設整備等補助金収益	施設整備及び設備整備に係る地方公共団体等からの補助金等
	設備資金借入金元金償還補助金収益	施設整備等に関する借入金の元金返済に対する地方公共団体等からの補助金
施設整備等寄附金収益	施設整備等寄附金収益	施設整備及び設備整備に係る寄附金額 施設の創設及び増築時等に運転資金に充てるために収受した寄付金を含む
	設備資金借入金元金償還寄附金収益	施設整備及び設備整備に対する借入金元金償還に係る寄附金

35

固定資産売却益	車輌運搬具売却益	車輌を売却した場合の帳簿価額と売却価額の差益額
	器具及び備品売却益	器具及び備品を売却した場合の帳簿価額と売却価額の差益額

【費用】

＜サービス活動増減による費用＞

大区分	中区分	説明
人件費	役員報酬	法人役員に支払われる報酬、手当等
	職員給料	常勤職員に支払う俸給・諸手当
	職員賞与	職員に対する確定済賞与のうち、当該会計期間に係る部分の金額
	賞与引当金繰入	職員に対する翌会計期間に確定する賞与の当該会計期間に係る部分の見積額
	非常勤職員給与	非常勤職員に支払う俸給・諸手当及び賞与
	退職給付費用	従事する職員に対する退職一時金、退職年金等将来の退職給付のうち、当該会計期間の負担に属する金額
	法定福利費	法令に基づいて法人が負担する健康保険料、厚生年金保険料、雇用保険料等の費用

第2章 社会福祉法人の計算書類

事業費	給食費	食材及び食品の費用 給食業務を外部委託している施設又は事業所にあっては、材料費のこと
	介護用品費	利用者の処遇に直接使用するおむつ、タオル等の介護用品の購入費用
	保健衛生費	利用者の健康診断の実施、施設内又は事業所内の消毒等に要する費用
	医療費	利用者が傷病のために医療機関等で診療等を受けた場合の診療報酬等
	被服費	利用者の衣類、寝具等の購入費用
	教養娯楽費	利用者のための新聞雑誌等の購読、娯楽用品の購入及び行楽演芸会等の実施のための費用
	日用品費	利用者に現物で給付する身のまわり品、化粧品などの日用品の購入費用
	保育材料費	保育に必要な文具材料、絵本等の費用及び運動会等の行事を実施するための費用
	本人支給金	利用者に小遣い、その他の経費として支給するための金額
	水道光熱費	利用者に直接必要な電気、ガス、水道等の費用
	燃料費	利用者に直接必要な灯油、重油等の燃料費
	消耗器具備品費	利用者の処遇に直接使用する介護用品以外の消耗品、器具備品で、固定資産の購入に該当しない費用
	保険料	利用者に対する損害保険料等
	賃借料	利用者が利用する器具及び備品等のリース料、レンタル料
	教育指導費	利用者に対する教育訓練に直接要する費用
	就職支度費	児童等の就職に際し必要な被服寝具類の購入に要する費用
	葬祭費	利用者が死亡したときの葬祭に要する費用
	車輌費	乗用車、送迎用自動車、救急車等の燃料費、車輌検査等の費用

事務費	福利厚生費	役員・職員が福利施設を利用する場合における事業主負担額、健康診断その他福利厚生のために要する法定外福利費
	職員被服費	職員に支給又は貸与する白衣、予防衣、診察衣、作業衣などの購入、洗濯等の費用
	旅費交通費	業務に係る役員・職員の出張旅費及び交通費
	研修研究費	役員・職員に対する教育訓練に直接要する費用（研究・研修のための旅費を含む）
	事務消耗品費	事務用に必要な消耗品及び器具什器のうち、固定資産の購入に該当しないもの
	印刷製本費	事務に必要な書類、諸用紙、関係資料などの印刷及び製本に要する費用
	修繕費	建物、器具及び備品等の修繕又は模様替の費用をいう。ただし、建物、器具及び備品を改良し、耐用年数を延長させるような資本的費用を含まない
	通信運搬費	電話、電報、ファックスの使用料、インターネット接続料及び切手代、葉書代その他通信・運搬に要する費用
	会議費	会議時における茶菓子代、食事代等の費用
	広報費	施設及び事業所の広告料、パンフレット・機関誌・広報誌作成などの印刷製本費等に要する費用
	業務委託費	洗濯、清掃、夜間警備及び給食（給食材料費を除く）など施設の業務の一部を他に委託するための費用
	手数料	役務提供にかかる費用のうち、業務委託費以外のもの
	土地・建物賃借料	土地、建物等の賃借料
	租税公課	消費税及び地方消費税の申告納税、固定資産税、印紙税、登録免許税、自動車税、事業所税等

第2章　社会福祉法人の計算書類

保守料	建物、各種機器等の保守・点検料等
渉外費	創立記念日等の式典、慶弔、広報活動等に要する費用
諸会費	各種組織への加盟等に伴う会費、負担金等の費用
減価償却費	固定資産の減価償却の額
国庫補助金等特別積立金取崩額	国庫補助金等の支出対象経費（主として減価償却費）の期間費用計上に対応して取り崩された国庫補助金等特別積立金の額
徴収不能額	金銭債権の徴収不能額のうち、徴収不能引当金で填補されない部分の金額をいう

事業費…施設のサービス提供に直接的にかかった経費

事務費…本部および施設の運営事務に使用した経費（人件費は除く）

<サービス活動外増減による費用>

支払利息		設備資金借入金、長期運営資金借入金及び短期運営資金借入金の利息、及び支払リース料のうち利息相当額として処理する額

<特別増減による費用>

基本金組入額		運用上の取扱い第11に規定された基本金の組入額
固定資産売却損・処分損	建物売却損・処分損	建物を除却又は売却した場合の処分損
	車輌運搬具売却損・処分損	車輌運搬具を売却又は処分した場合の帳簿価額と売却価額の差損、又は処分損
国庫補助金等特別積立金積立額		運用上の取扱い第10に規定された国庫補助金等特別積立金の積立額

> 運用上の取扱い

（局長通知）

10　国庫補助金等特別積立金への積立てについて（会計基準省令第6条第2項、第22条第4項関係）

　会計基準省令第6条第2項に規定する国庫補助金等特別積立金として以下のものを計上する。

(1)　施設及び設備の整備のために国及び地方公共団体等から受領した補助金、助成金及び交付金等を計上するものとする。

(2)　設備資金借入金の返済時期に合わせて執行される補助金等のうち、施設整備時又は設備整備時においてその受領金額が確実に見込まれており、実質的に施設整備事業又は設備整備事業に対する補助金等に相当するものは国庫補助金等特別積立金に計上するものとする。

　　また、会計基準省令第6条第2項に規定する国庫補助金等特別積立金の積立ては、同項に規定する国庫補助金等の収益額を事業活動計算書の特別収益に計上した後、その収益に相当する額を国庫補助金等特別積立金積立額として特別費用に計上して行う。

11　基本金への組入れについて（会計基準省令第6条第1項、第22条第4項関係）

　会計基準省令第6条第1項に規定する基本金は以下のものとする。

(1)　社会福祉法人の設立並びに施設の創設及び増築等のために基本財産等を取得すべきものとして指定された寄附金の額

(2)　前号の資産の取得等に係る借入金の元金償還に充てるものとして指定された寄附金の額

(3)　施設の創設及び増築時等に運転資金に充てるために収受した寄附金の額

　　また、基本金への組入れは、同項に規定する寄附金を事業活動計算書の特別収益に計上した後、その収益に相当する額を基本金組入額として特別費用に計上して行う。

当期活動増減差額

当期の収益から当期の費用を差し引いて、「当期活動増減差額」を求めます。

「**当期活動増減差額**」は、社会福祉法人の1年間の活動の成果であり、プラスであれば純資産は増加し、マイナスであれば減少します。

「**当期活動増減差額**」は、一般企業の当期純利益に該当します。

収益＞費用の場合

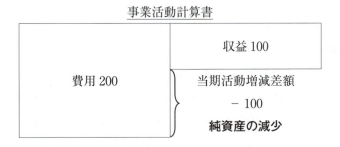

収益＜費用の場合

「当期活動増減差額」は、収益と費用の差額で求めます。したがって、上図のように左側に費用、右側に収益を記載して差額を求めやすくすると良いでしょう。

---

point

収益 ＞ 費用 ⇒ ＋の当期活動増減差額　純資産の増加

収益 ＜ 費用 ⇒ －の当期活動増減差額　純資産の減少

事業活動計算書の特徴

　事業活動計算書は、以下の３つに分かれ、それぞれに該当する収益と費用が記載されます。

１．サービス活動増減の部

　　社会福祉事業の対象者に対するサービスの提供に関する収益と費用が計上される区分です。

　　具体的には、社会福祉事業によって得た収益と、人件費、事業費、事務費といったサービスの提供に関する費用が計上され、その結果として**サービス活動増減差額**が計算されます。

２．サービス活動外増減の部

　　収益であれば、受取利息や配当金、費用であれば支払利息など、サービス活動の提供に直接的には関係しない収益と費用が計上され、結果として**経常増減差額**が計算されます。

３．特別増減の部

　　経常的でない、臨時的な収益と費用が計上される区分です。

　　具体的には、収益であれば、施設設備等補助金収益や固定資産受贈額など、費用であれば、固定資産売却損・処分損、さらには基本金を組み入れる際には基本金組入額といった、実質的には費用でないものも記載されます。

　　この結果、当期のすべての活動による純資産の増減額を表す**当期活動増減差額**が計算されます。

　　　事業活動計算書の末尾は、当期活動増減差額に前期繰越活動増減差額を加えて、次期繰越活動増減差額を算定しますが、ここでは割愛しています。

　以下、各事業所で作成される拠点区分事業活動計算書（第２号第４様式）の様式を紹介しておきます。なお、区分については第10章で詳しく学習します。

第二号第四様式(第二十三条第四項関係)

(何)拠点区分　事業活動計算書

(自)令和　年　月　日　(至)令和　年　月　日

(単位：円)

勘定科目	当年度決算(A)	前年度決算(B)	増減(A)−(B)
介護保険事業収益			
施設介護料収益			
介護報酬収益			
利用者負担金収益(公費)			
利用者負担金収益(一般)			
居宅介護料収益			
(介護報酬収益)			
介護報酬収益			
介護予防報酬収益			
(利用者負担金収益)			
介護負担金収益(公費)			
介護負担金収益(一般)			
介護予防負担金収益(公費)			
介護予防負担金収益(一般)			
地域密着型介護料収益			
(介護報酬収益)			
介護報酬収益			
介護予防報酬収益			
(利用者負担金収益)			
介護負担金収益(公費)			
介護負担金収益(一般)			
介護予防負担金収益(公費)			
介護予防負担金収益(一般)			
居宅介護支援介護料収益			
居宅介護支援介護料収益			
介護予防支援介護料収益			
介護予防・日常生活支援総合事業収益			
事業費収益			
事業負担金収益(公費)			
事業負担金収益(一般)			
利用者等利用料収益			
施設サービス利用料収益			
居宅介護サービス利用料収益			
地域密着型介護サービス利用料収益			
食費収益(公費)			
食費収益(一般)			
食費収益(特定)			
居住費収益(公費)			
居住費収益(一般)			
居住費収益(特定)			
介護予防・日常生活支援総合事業利用料収益			
その他の利用料収益			
その他の事業収益			
補助金事業収益(公費)			
補助金事業収益(一般)			
市町村特別事業収益(公費)			
市町村特別事業収益(一般)			
受託事業収益(公費)			
受託事業収益(一般)			
その他の事業収益			
(保険等査定減)			
老人福祉事業収益			
措置事業収益			
事務費収益			
事業費収益			
その他の利用料収益			
その他の事業収益			
運営事業収益			
管理費収益			
その他の利用料収益			
補助金事業収益(公費)			
補助金事業収益(一般)			
その他の事業収益			
その他の事業収益			
管理費収益			
その他の利用料収益			

(左側縦書き：サービス活動増減の部　収益)

その他の事業収益
児童福祉事業収益
　措置費収益
　　事務費収益
　　事業費収益
　私的契約利用料収益
　その他の事業収益
　　補助金事業収益(公費)
　　補助金事業収益(一般)
　　受託事業収益(公費)
　　受託事業収益(一般)
　　その他の事業収益
保育事業収益
　施設型給付費収益
　　施設型給付費収益
　　利用者負担金収益
　特例施設型給付費収益
　　特例施設型給付費収益
　　利用者負担金収益
　地域型保育給付費収益
　　地域型保育給付費収益
　　利用者負担金収益
　特例地域型保育給付費収益
　　特例地域型保育給付費収益
　　利用者負担金収益
　委託費収益
　利用者等利用料収益
　　利用者等利用料収益(公費)
　　利用者等利用料収益(一般)
　　その他の利用料収益
　私的契約利用料収益
　その他の事業収益
　　補助金事業収益(公費)
　　補助金事業収益(一般)
　　受託事業収益(公費)
　　受託事業収益(一般)
　　その他の事業収益
就労支援事業収益
　(何)事業収益
障害福祉サービス等事業収益
　自立支援給付費収益
　　介護給付費収益
　　特例介護給付費収益
　　訓練等給付費収益
　　特例訓練等給付費収益
　　地域相談支援給付費収益
　　特例地域相談支援給付費収益
　　計画相談支援給付費収益
　　特例計画相談支援給付費収益
　障害児施設給付費収益
　　障害児通所給付費収益
　　特例障害児通所給付費収益
　　障害児入所給付費収益
　　障害児相談支援給付費収益
　　特例障害児相談支援給付費収益
　利用者負担金収益
　補足給付費収益
　　特定障害者特別給付費収益
　　特例特定障害者特別給付費収益
　　特定入所障害児食費等給付費収益
　特定費用収益
　その他の事業収益
　　補助金事業収益(公費)
　　補助金事業収益(一般)
　　受託事業収益(公費)
　　受託事業収益(一般)
　　その他の事業収益
　　(保険等査定減)
生活保護事業収益
　措置費収益
　　事務費収益

	事業費収益		
	授産事業収益		
	(何)事業収益		
	利用者負担金収益		
	その他の事業収益		
	補助金事業収益(公費)		
	補助金事業収益(一般)		
	受託事業収益(公費)		
	受託事業収益(一般)		
	その他の事業収益		
	医療事業収益		
	入院診療収益(公費)		
	入院診療収益(一般)		
	室料差額収益		
	外来診療収益(公費)		
	外来診療収益(一般)		
	保健予防活動収益		
	受託検査・施設利用収益		
	訪問看護療養費収益(公費)		
	訪問看護療養費収益(一般)		
	訪問看護利用料収益		
	訪問看護基本利用料収益		
	訪問看護その他の利用料収益		
	その他の医療事業収益		
	補助金事業収益(公費)		
	補助金事業収益(一般)		
	受託事業収益(公費)		
	受託事業収益(一般)		
	その他の医業収益		
	(保険等査定減)		
	退職共済事業収益		
	事務費収益		
	(何)事業収益		
	(何)事業収益		
	その他の事業収益		
	補助金事業収益(公費)		
	補助金事業収益(一般)		
	受託事業収益(公費)		
	受託事業収益(一般)		
	その他の事業収益		
	(何)収益		
	(何)収益		
	経常経費寄附金収益		
	その他の収益		
	サービス活動収益計(1)		
	人件費		
	役員報酬		
	役員退職慰労金		
	役員退職慰労引当金繰入		
	職員給料		
	職員賞与		
	賞与引当金繰入		
	非常勤職員給与		
	派遣職員費		
	退職給付費用		
	法定福利費		
	事業費		
	給食費		
	介護用品費		
	医薬品費		
	診療・療養等材料費		
	保健衛生費		
	医療費		
	被服費		
	教養娯楽費		
費用	日用品費		
	保育材料費		
	本人支給金		
	水道光熱費		
	燃料費		
	消耗器具備品費		

		保険料			
		賃借料			
		教育指導費			
		就職支度費			
		葬祭費			
		車輌費			
		棚卸資産評価損			
		(何)費			
		雑費			
		事務費			
		福利厚生費			
		職員被服費			
		旅費交通費			
		研修研究費			
		事務消耗品費			
		印刷製本費			
		水道光熱費			
		燃料費			
		修繕費			
		通信運搬費			
		会議費			
		広報費			
		業務委託費			
		手数料			
		保険料			
		賃借料			
		土地・建物賃借料			
		租税公課			
		保守料			
		渉外費			
		諸会費			
		(何)費			
		雑費			
		就労支援事業費用			
		就労支援事業販売原価			
		期首製品(商品)棚卸高			
		当期就労支援事業製造原価			
		当期就労支援事業仕入高			
		期末製品(商品)棚卸高			
		就労支援事業販管費			
		授産事業費用			
		(何)事業費			
		退職共済事業費用			
		事務費			
		(何)費用			
		利用者負担軽減額			
		減価償却費			
		国庫補助金等特別積立金取崩額	△×××	△×××	
		貸倒損失額			
		貸倒引当金繰入			
		徴収不能額			
		徴収不能引当金繰入			
		その他の費用			
	サービス活動費用計(2)				
	サービス活動増減差額(3)＝(1)－(2)				
サービス活	収益	借入金利息補助金収益			
		受取利息配当金収益			
		社会福祉連携推進業務貸付金受取利息収益			
		有価証券評価益			
		有価証券売却益			
		基本財産評価益			
		投資有価証券評価益			
		投資有価証券売却益			
		積立資産評価益			
		その他のサービス活動外収益			
		受入研修費収益			
		利用者等外給食収益			
		為替差益			
		退職共済事業管理資産評価益			
		退職共済預り金戻入額			
		雑収益			

第2章　社会福祉法人の計算書類

サービス活動外収益計(4)				
	費用	支払利息			
		社会福祉連携推進業務借入金支払利息			
		有価証券評価損			
		有価証券売却損			
		基本財産評価損			
		投資有価証券評価損			
		投資有価証券売却損			
		積立資産評価損			
		その他のサービス活動外費用			
		利用者等外給食費			
		為替差損			
		退職共済事業管理資産評価損			
		退職共済預り金繰入額			
		雑損失			
	サービス活動外費用計(5)				
	サービス活動外増減差額(6)＝(4)－(5)				
経常増減差額(7)＝(3)＋(6)				
	収益	施設整備等補助金収益			
		施設整備等補助金収益			
		設備資金借入金元金償還補助金収益			
		施設整備等寄附金収益			
		施設整備等寄附金収益			
		設備資金借入金元金償還寄附金収益			
		長期運営資金借入金元金償還寄附金収益			
		固定資産受贈額			
		(何)受贈額			
		固定資産売却益			
		車輌運搬具売却益			
		器具及び備品売却益			
		(何)売却益			
		事業区分間繰入金収益			
		拠点区分間繰入金収益			
		事業区分間固定資産移管収益			
		拠点区分間固定資産移管収益			
		その他の特別収益			
		貸倒引当金戻入益			
		徴収不能引当金戻入益			
	特別収益計(8)				
	費用	基本金組入額			
		資産評価損			
		固定資産売却損・処分損			
		建物売却損・処分損			
		車輌運搬具売却損・処分損			
		器具及び備品売却損・処分損			
		その他の固定資産売却損・処分損			
		国庫補助金等特別積立金取崩額(除却等)	△××××	△××××	
		国庫補助金等特別積立金積立額			
		災害損失			
		事業区分間繰入金費用			
		拠点区分間繰入金費用			
		事業区分間固定資産移管費用			
		拠点区分間固定資産移管費用			
		その他の特別損失			
	特別費用計(9)				
	特別増減差額(10)＝(8)－(9)				
当期活動増減差額(11)＝(7)＋(10)				
	前期繰越活動増減差額(12)				
	当期末繰越活動増減差額(13)＝(11)＋(12)				
	基本金取崩額(14)				
	その他の積立金取崩額(15)				
	(何)積立金取崩額				
	その他の積立金積立額(16)				
	(何)積立金積立額				
	次期繰越活動増減差額(17)＝(13)＋(14)＋(15)－(16)				

※　本様式は、勘定科目の小区分までを記載し、必要のない勘定科目は省略できるものとする。
※　勘定科目の中区分についてはやむを得ない場合、小区分については適当な科目を追加できるものとする。
　　なお、小区分を更に区分する必要がある場合には、小区分の下に適当な科目を設けて処理することができるものとする。

> お金の管理はしっかりと！

8 資金収支計算書

資金収支計算書の背景

　第0章で、1951（昭和26）年から始まった、国などが、社会福祉サービスを受ける先を指定する「措置時代」の話をみてきました。

　この時代、社会福祉法人は、専ら社会福祉サービスの提供を行い、社会福祉に関する資金は、全額、税金で賄われていました。

　そこで国は、不正防止などの観点から、社会福祉法人に対して資金の使い途を明確にさせるため、**資金収支計算書の作成・提出**を定めました。

資金収支計算書とは？

　資金収支計算書とは、**支払資金残高が変動する取引**について報告するための計算書類です。

　通常の企業会計では、1つの取引に対し1つの仕訳を行えば貸借対照表と損益計算書に記載することができますが、社会福祉法人会計では貸借対照表、事業活動計算書に記載するだけではなく**資金収支計算書に記載するための仕訳（資金仕訳）も必要**となることから、**1つの取引に対し2つの仕訳が必要**となる場合があります。

資金概念

　社会福祉法人が収益事業を行うことも認められ、貸借対照表などの計算書が一般企業のものと整合性を保つように配慮された現代では、支払資金は次のように定義されています。

超 重要

支払資金残高 ＝ プラスの支払資金 ― マイナスの支払資金

プラスの支払資金とは「≒流動資産」、マイナスの支払資金とは「≒流動負債」となります。したがって、支払資金残高は

流動資産－流動負債≒支払資金残高

と計算することが出来ます。

ここで、「＝」ではなく「≒」としている理由は、支払資金の計算において、正確には下記①～③が除外されるからです。

【支払資金に含まれない流動資産・流動負債】
①貯蔵品以外の製品・仕掛品などの棚卸資産
②引当金（徴収不能引当金・賞与引当金など）
③１年基準により固定資産または固定負債から振り替えられた流動資産・流動負債

貸借対照表の流動資産・流動負債をベースにした定義です。

収入と支出

支払資金が増加する要因のことを「収入」といい、支払資金が減少する要因のことを「支出」といいます。

point

収入 … 支払資金が増加する要因
支出 … 支払資金が減少する要因

例えば、介護保険報酬500が銀行口座に振り込まれた場合、現金預金が500増加するため、このことを「介護保険事業収入」といいます。

また、職員の給料200を現金で支払った場合、現金預金が200減少するため、このことを職員給料支出といいます。

なお、35ページにおける「収益」と「費用」は事業活動計算書における純資産（資本）の増減要因です。

また、資金収支計算書に記載される「収入」と「支出」の勘定科目は、35ページにおける「収益」「費用」の科目の○○収益が○○収入に、○○費や○○料が○○費支出、○○料支出となります。

例：介護保険事業収入、介護用品費支出　など

超 重要

収入 ≠ 収益、支出 ≠ 費用
収入・支出　⇒　支払資金の増減要因
収益・費用　⇒　純資産の増減要因

資金収支計算書の特徴

社会福祉法人は、理事長が毎会計年度末までに次期の資金収支予算を立てて理事会の承認を得、期中はこの予算に基づいて運営し、決算では差異を把握するというサイクルで運営されます。

したがって資金収支計算書も、**予算欄、決算欄、差異欄**を縦に設けており、予算と決算を比較しやすい表示にしています。

資金収支計算書の区分

社会福祉法人の資金収支計算書は、3つの区分に分かれ、それぞれに該当する収入と支出が記載されます。

1．事業活動による収支

保険事業や福祉事業、措置事業（入所や通所の決定を、社会福祉法人ではなく**行政**が行う事業）による収入、経常経費寄附金収入といった事業活動による収入、人件費支出、事業費支出、事務費支出といった事業活動に関わる支出が記載され、この差額として事業活動資金収支差額が計算されます。

事業活動収入に受取利息配当金収入が、事業活動支出に支払利息支出が含まれるのが事業活動計算書との違いです。

2．施設設備等による収支

施設整備等補助金収入や施設整備等寄附金収入が記載され、固定資産取得支出や設備資金借入金元金償還支出といった支出も記載されます。

この差額として**施設整備等資金収支差額**が計算されます。

3．その他の活動による収支

長期運営資金借入金収入や、投資有価証券売却収入、積立資産取崩収入といった収入が記載され、長期運営資金借入金元金償還支出や投資有価証券取得支出、積立資産支出といった支出が記載されます。

この差額として**その他の活動資金収支差額**が計算されます。

上記3つの区分の収支差額を合計し、**当期資金収支差額合計額**が計算されます。

4．資金収支計算書の末尾

当期資金収支差額合計に前期末支払資金残高を加算し、**当期末支払資金残高**を計算します。

資金収支計算書は、一般企業で作成されるキャッシュ・フロー計算書に相当することから、C/Fと略されます。

以下、各事業所で作成される拠点区分資金収支計算書（第1号第4様式）の様式を紹介しておきます。

第一号第四様式(第十七条第四項関係)

(何)拠点区分　資金収支計算書

(自)令和　年　月　日　(至)令和　年　月　日

(単位：円)

		勘定科目	予算(A)	決算(B)	差異(A)－(B)	備考
事業活動による収支	収入	介護保険事業収入				
		施設介護料収入				
		介護報酬収入				
		利用者負担金収入(公費)				
		利用者負担金収入(一般)				
		居宅介護料収入				
		(介護報酬収入)				
		介護報酬収入				
		介護予防報酬収入				
		(利用者負担金収入)				
		介護負担金収入(公費)				
		介護負担金収入(一般)				
		介護予防負担金収入(公費)				
		介護予防負担金収入(一般)				
		地域密着型介護料収入				
		(介護報酬収入)				
		介護報酬収入				
		介護予防報酬収入				
		(利用者負担金収入)				
		介護負担金収入(公費)				
		介護負担金収入(一般)				
		介護予防負担金収入(公費)				
		介護予防負担金収入(一般)				
		居宅介護支援介護料収入				
		居宅介護支援介護料収入				
		介護予防支援介護料収入				
		介護予防・日常生活支援総合事業収入				
		事業費収入				
		事業負担金収入(公費)				
		事業負担金収入(一般)				
		利用者等利用料収入				
		施設サービス利用料収入				
		居宅介護サービス利用料収入				
		地域密着型介護サービス利用料収入				
		食費収入(公費)				
		食費収入(一般)				
		食費収入(特定)				
		居住費収入(公費)				
		居住費収入(一般)				
		居住費収入(特定)				
		介護予防・日常生活支援総合事業利用料収入				
		その他の利用料収入				
		その他の事業収入				
		補助金事業収入(公費)				
		補助金事業収入(一般)				
		市町村特別事業収入(公費)				
		市町村特別事業収入(一般)				
		受託事業収入(公費)				
		受託事業収入(一般)				
		その他の事業収入				
		(保険等査定減)				
		老人福祉事業収入				
		措置事業収入				
		事務費収入				
		事業費収入				
		その他の利用料収入				
		その他の事業収入				
		運営事業収入				
		管理費収入				
		その他の利用料収入				
		補助金事業収入(公費)				
		補助金事業収入(一般)				
		その他の事業収入				
		その他の事業収入				
		管理費収入				
		その他の利用料収入				
		その他の事業収入				

52

第2章　社会福祉法人の計算書類

```
児童福祉事業収入
　措置費収入
　　事務費収入
　　事業費収入
　私的契約利用料収入
　その他の事業収入
　　補助金事業収入(公費)
　　補助金事業収入(一般)
　　受託事業収入(公費)
　　受託事業収入(一般)
　　その他の事業収入
保育事業収入
　施設型給付費収入
　　施設型給付費収入
　　利用者負担金収入
　特例施設型給付費収入
　　特例施設型給付費収入
　　利用者負担金収入
　地域型保育給付費収入
　　地域型保育給付費収入
　　利用者負担金収入
　特例地域型保育給付費収入
　　特例地域型保育給付費収入
　　利用者負担金収入
　委託費収入
　利用者等利用料収入
　　利用者等利用料収入(公費)
　　利用者等利用料収入(一般)
　　その他の利用料収入
　私的契約利用料収入
　その他の事業収入
　　補助金事業収入(公費)
　　補助金事業収入(一般)
　　受託事業収入(公費)
　　受託事業収入(一般)
　　その他の事業収入
就労支援事業収入
　(何)事業収入
障害福祉サービス等事業収入
　自立支援給付費収入
　　介護給付費収入
　　特例介護給付費収入
　　訓練等給付費収入
　　特例訓練等給付費収入
　　地域相談支援給付費収入
　　特例地域相談支援給付費収入
　　計画相談支援給付費収入
　　特例計画相談支援給付費収入
　障害児施設給付費収入
　　障害児通所給付費収入
　　特例障害児通所給付費収入
　　障害児入所給付費収入
　　障害児相談支援給付費収入
　　特例障害児相談支援給付費収入
　利用者負担金収入
　補足給付費収入
　　特定障害者特別給付費収入
　　特例特定障害者特別給付費収入
　　特定入所障害児食費等給付費収入
　特定費用収入
　その他の事業収入
　　補助金事業収入(公費)
　　補助金事業収入(一般)
　　受託事業収入(公費)
　　受託事業収入(一般)
　　その他の事業収入
　　(保険等査定減)
生活保護事業収入
　措置費収入
　　事務費収入
　　事業費収入
　授産事業収入
　　(何)事業収入
```

2

社会福祉法人の計算書類

53

	利用者負担金収入				
	その他の事業収入				
	補助金事業収入(公費)				
	補助金事業収入(一般)				
	受託事業収入(公費)				
	受託事業収入(一般)				
	その他の事業収入				
	医療事業収入				
	入院診療収入(公費)				
	入院診療収入(一般)				
	室料差額収入				
	外来診療収入(公費)				
	外来診療収入(一般)				
	保健予防活動収入				
	受託検査・施設利用収入				
	訪問看護療養費収入(公費)				
	訪問看護療養費収入(一般)				
	訪問看護利用料収入				
	訪問看護基本利用料収入				
	訪問看護その他の利用料収入				
	その他の医療事業収入				
	補助金事業収入(公費)				
	補助金事業収入(一般)				
	受託事業収入(公費)				
	受託事業収入(一般)				
	その他の医療事業収入				
	(保険等査定減)				
	退職共済事業収入				
	事務費収入				
	(何)事業収入				
	(何)事業収入				
	その他の事業収入				
	補助金事業収入(公費)				
	補助金事業収入(一般)				
	受託事業収入(公費)				
	受託事業収入(一般)				
	その他の事業収入				
	(何)収入				
	(何)収入				
	借入金利息補助金収入				
	経常経費寄附金収入				
	受取利息配当金収入				
	社会福祉連携推進業務貸付金受取利息収入				
	その他の収入				
	受入研修費収入				
	利用者等外給食費収入				
	雑収入				
	流動資産評価益等による資金増加額				
	有価証券売却益				
	有価証券評価益				
	為替差益				
	事業活動収入計(1)				
支出	人件費支出				
	役員報酬支出				
	役員退職慰労金支出				
	職員給料支出				
	職員賞与支出				
	非常勤職員給与支出				
	派遣職員費支出				
	退職給付支出				
	法定福利費支出				
	事業費支出				
	給食費支出				
	介護用品費支出				
	医薬品費支出				
	診療・療養等材料費支出				
	保健衛生費支出				
	医療費支出				
	被服費支出				
	教養娯楽費支出				
	日用品費支出				
	保育材料費支出				
	本人支給金支出				

第2章 社会福祉法人の計算書類

	水道光熱費支出				
	燃料費支出				
	消耗器具備品費支出				
	保険料支出				
	賃借料支出				
	教育指導費支出				
	就職支度費支出				
	葬祭費支出				
	車輌費支出				
	管理費返還支出				
	(何)費支出				
	雑支出				
	事務費支出				
	福利厚生費支出				
	職員被服費支出				
	旅費交通費支出				
	研修研究費支出				
	事務消耗品費支出				
	印刷製本費支出				
	水道光熱費支出				
	燃料費支出				
	修繕費支出				
	通信運搬費支出				
	会議費支出				
	広報費支出				
	業務委託費支出				
	手数料支出				
	保険料支出				
	賃借料支出				
	土地・建物賃借料支出				
	租税公課支出				
	保守料支出				
	渉外費支出				
	諸会費支出				
	(何)費支出				
	雑支出				
	就労支援事業支出				
	就労支援事業販売原価支出				
	就労支援事業製造原価支出				
	就労支援事業仕入支出				
	就労支援事業販管費支出				
	授産事業支出				
	(何)事業支出				
	退職共済事業支出				
	事務費支出				
	(何)支出				
	利用者負担軽減額				
	支払利息支出				
	社会福祉連携推進業務借入金支払利息支出				
	その他の支出				
	利用者等外給食費支出				
	雑支出				
	流動資産評価損等による資金減少額				
	有価証券売却損				
	資産評価損				
	有価証券評価損				
	(何)評価損				
	為替差損				
	貸倒損失額				
	徴収不能額				
	事業活動支出計(2)				
	事業活動資金収支差額(3)＝(1)−(2)				
施設整備等	施設整備等補助金収入				
	施設整備等補助金収入				
	設備資金借入金元金償還補助金収入				
	施設整備等寄附金収入				
	施設整備等寄附金収入				
	設備資金借入金元金償還寄附金収入				
	設備資金借入金収入				
	社会福祉連携推進業務設備資金借入金収入				
	固定資産売却収入				
	車輌運搬具売却収入				
	器具及び備品売却収入				
	(何)売却収入				

による収支		その他の施設整備等による収入			
		（何）収入			
		施設整備等収入計(4)			
	支出	設備資金借入金元金償還支出			
		社会福祉連携推進業務設備資金借入金元金償還支出			
		固定資産取得支出			
		土地取得支出			
		建物取得支出			
		車輌運搬具取得支出			
		器具及び備品取得支出			
		（何）取得支出			
		固定資産除却・廃棄支出			
		ファイナンス・リース債務の返済支出			
		その他の施設整備等による支出			
		（何）支出			
		施設整備等支出計(5)			
		施設整備等資金収支差額(6)＝(4)－(5)			
その他の活動による収支	収入	長期運営資金借入金元金償還寄附金収入			
		長期運営資金借入金収入			
		役員等長期借入金収入			
		社会福祉連携推進業務長期運営資金借入金収入			
		長期貸付金回収入			
		社会福祉連携推進業務長期貸付金回収入			
		投資有価証券売却収入			
		積立資産取崩収入			
		退職給付引当資産取崩収入			
		長期預り金積立資産取崩収入			
		（何）積立資産取崩収入			
		事業区分間長期借入金収入			
		拠点区分間長期借入金収入			
		事業区分間長期貸付金回収入			
		拠点区分間長期貸付金回収入			
		事業区分間繰入金収入			
		拠点区分間繰入金収入			
		その他の活動による収入			
		退職共済預り金収入			
		退職共済事業管理資産取崩収入			
		（何）収入			
		その他の活動収入計(7)			
	支出	長期運営資金借入金元金償還支出			
		役員等長期借入金元金償還支出			
		社会福祉連携推進業務長期運営資金借入金元金償還支出			
		長期貸付金支出			
		社会福祉連携推進業務長期貸付金支出			
		投資有価証券取得支出			
		積立資産支出			
		退職給付引当資産支出			
		長期預り金積立資産支出			
		（何）積立資産支出			
		事業区分間長期貸付金支出			
		拠点区分間長期貸付金支出			
		事業区分間長期借入金返済支出			
		拠点区分間長期借入金返済支出			
		事業区分間繰入金支出			
		拠点区分間繰入金支出			
		その他の活動による支出			
		退職共済預り金返還支出			
		退職共済事業管理資産支出			
		（何）支出			
		その他の活動支出計(8)			
		その他の活動資金収支差額(9)＝(7)－(8)			
予備費支出(10)			××× △×××　]	—	×××
当期資金収支差額合計(11)＝(3)＋(6)＋(9)－(10)					

前期末支払資金残高(12)				
当期末支払資金残高(11)＋(12)				

（注）　予備費支出△×××円は（何）支出に充当使用した額である。

※　本様式は、勘定科目の小区分までを記載し、必要のない勘定科目は省略できるものとする。

※　勘定科目の中区分についてはやむを得ない場合、小区分については適当な科目を追加できるものとする。なお、小区分を更に区分する必要がある場合には、小区分の下に適当な科目を設けて処理することができるものとする。

事業活動計算書は純資産の増減要因の記録です

貸借対照表と事業活動計算書

貸借対照表と事業活動計算書の関係

　34ページで、収益は純資産の増加要因であり、費用は純資産の減少要因である事を学習しました。実際には収益と費用がどのように貸借対照表の純資産に影響を与えるのかを見ていきましょう。

　当期の期首における貸借対照表は、資産1,000、負債700、純資産は300であったとしましょう。期中の活動の結果、収益は500、費用は400とすると、当期活動増減差額は、収益と費用の差額 + 100（= 500 − 400）となり、当期の事業活動計算書に計上されます。

　当期活動増減差額は、純資産を100増やすことになり、当期の期末における貸借対照表は、資産が100増加したと仮定し、1,100に、負債700、純資産は400（= 300 + 100）となります。

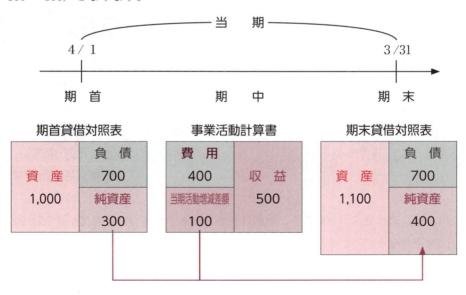

支払資金残高は貸借対照表からもわかります

10 貸借対照表と資金収支計算書

貸借対照表と資金収支計算書の関係

　プラスの支払資金である流動資産と、マイナスの支払資金である流動負債の差額が「支払資金残高」であることはすでに学習しました。
　この支払資金残高は社会福祉法人の短期的に支払うことのできる「**支払能力**」を表しています。そして、この「支払資金残高」は貸借対照表の流動資産、流動負債の差額で計算することができます。

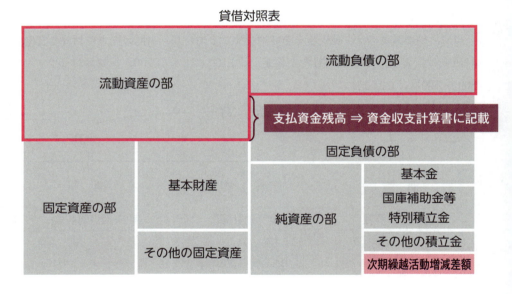

　例えば、流動資産が500あり、流動負債が200あった場合、差引支払資金は500－200＝300となります。

　貸借対照表と、資金収支計算書・事業活動計算書との関係は第10章で詳しく学習します。

11 事業活動計算書と資金収支計算書

それぞれの計算書類に記載される取引を理解しよう

事業活動計算書と資金収支計算書

　日常の取引の多くは、事業活動計算書と資金収支計算書に表示されます。
　ただし、事業活動計算書に表示され資金収支計算書に表示されない取引、資金収支計算書に表示され事業活動計算書に表示されない取引もあります。

1. 事業活動計算書と資金収支計算書に表示される取引

　事業収益の発生は、収益が発生するとともに支払資金が増加するため事業活動計算書と資金収支計算書に表示されます。

2. 事業活動計算書に表示され資金収支計算書に表示されない取引

　減価償却費は事業活動計算書に表示されますが、支払資金が増減しないため、資金収支計算書には表示されません。固定資産の無償取得も同じです。

3. 資金収支計算書に表示され事業活動計算書に表示されない取引

　固定資産の購入は支払資金が減少し固定資産が増加するため、資金収支計算書に表示されます。しかし、費用、収益が発生しないため、事業活動計算書には表示されません。

参考 貸借対照表だけに表示される取引

　例えば、事業未収金の回収は貸借対照表に表示されますが、収益、費用が発生しないため事業活動計算書に表示されず、同額の支払資金が増加・減少するため資金収支計算書にも表示されません。
　この他に、1年基準による固定負債（固定資産）から流動負債（流動資産）への振替えも同じです。

　このページの内容は少し難しいので、テキストを一通り読み終えたあとにもう一度読み返してみましょう。

2 社会福祉法人の計算書類

社会福祉法人の計算書類
確認テスト

答え：P.215

① 次の科目は、それぞれ貸借対照表のどの区分に分類されるか。
適切と思われる区分に〇をつけなさい。

	科目	流動資産	固定資産	流動負債	固定負債	純資産
①	現金預金					
②	事業未収金					
③	事業未払金					
④	立替金					
⑤	預り金					
⑥	車輌運搬具					
⑦	土地					
⑧	器具及び備品					
⑨	仮受金					
⑩	仮払金					
⑪	短期貸付金					
⑫	長期貸付金※					
⑬	短期運営資金借入金					
⑭	設備資金借入金※					
⑮	長期運営資金借入金※					
⑯	基本金					

※１年以内に回収・返済予定のものはありません。

第3章

仕訳と転記

⓬ 仕訳ってなに？
⓭ 勘定口座への記入

　法人運営をしていく上では、いろいろな取引があります。

　それを個人が独自の表現で記録したのでは、同じ取引でも表現が異なり、意味を取り違える可能性さえありますね。

　そこで簿記では、同じ取引は誰が行っても同じ記録になるように、ルール化されています。このルールが「仕訳」です。

　ただ、このルールも決して難しいものではありません。

　1つの取引を右と左の要素に分け、資産と費用は増えたら左、減ったら右。負債、純資産と収益は増えたら右、減ったら左。というただそれだけのことなのです。

日々の取引を記録しよう

12 仕訳ってなに？

簿記の5要素とホームポジション

　簿記とは帳簿記入の略語です。一般企業も社会福祉法人も、その活動や財務状況を報告するための計算書類を作成しなくてはなりません。そのため日々の活動を帳簿に記録することが必要になります。

　帳簿に記入するためにはまず、準備として「仕訳」という作業を行い、この仕訳をもとに「帳簿」に記入していきます。

　貸借対照表に記載される「資産」「負債」「純資産」と、事業活動計算書に記載される「収益」「費用」は「簿記の5要素」と呼ばれ、仕訳や帳簿記入を行う上での基本的な分類要素となります。

　そして、これらの5要素にはホームポジションがあります。

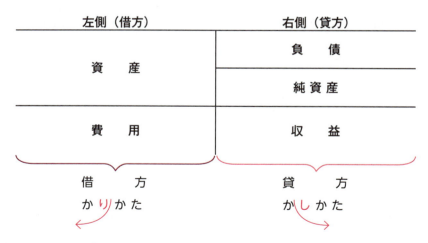

資産・負債・純資産・収益・費用のホームポジション

　簿記では左側を借方、右側を貸方といい、（借）は借方、（貸）は貸方を示しています。

「り」と「し」に注目してください。
「り」は左へ流れるので左側
「し」は右へ流れるので右側と覚えましょう。

仕訳のルール

前述した**簿記の5要素が増減する事象**のことを「(簿記上の) **取引**」と呼びます。簿記では取引が発生したら必ず仕訳を行い帳簿に記入をしなくてはなりません。

仕訳のルールは次のとおりです。

① 取引を**借方**（左側）と**貸方**（右側）に分けて記録する
② **勘定科目**と**金額**を用いる
③ 借方の金額と貸方の金額は必ず一致する
④ 上記の勘定科目が**5要素のどれに該当する**かを判断する
⑤ 5要素が**増えていればホームポジション側**、**減っていればホームポジションとは逆側**に記録する

増加のポジション

資産	負債
(＋)	(＋)
	純資産
	(＋)
費用	収益
(＋)	(＋)

減少のポジション

負債	資産
(－)	(－)
純資産	
(－)	
収益	費用
(－)	(－)

まずはホームポジションをしっかりと覚えましょう。

取引には2つの側面がある

仕訳のルール①にあるように、仕訳は必ず借方に記録される取引と貸方に記録される取引があります。つまり、**取引を2つの側面でとらえる必要があります**。例えば、「現金預金（資産）」が増えていたとしたら増えた理由（銀行から借りた、寄附をもらったなど）があるはずです。**その理由も併せて記録する**のが仕訳のルールなのです。

2つの側面でとらえて記録する事から「**複式簿記**」と呼ばれています。一般企業でも社会福祉法人でもこの複式簿記を採用しています。

point

仕訳は取引を2つの側面で捉え、勘定科目と金額を用いて行う

それでは、実際に仕訳をしてみましょう。

取引例1：短期の運営資金として銀行から300を借り入れた。
この取引の2つの側面は
　「①銀行からお金を借りた」
　「②その結果現金預金が300増えた」
という2点です。この2点をそれぞれ、
　勘定科目の選択→5要素の分類→増加減少の把握→借方貸方の判断
の流れにあてはめて仕訳を完成させます。

① 銀行からの借入→短期運営資金借入金→負債→増加→貸方

(借)　　　　　　　　　　　　　(貸) 短期運営資金借入金　　300

② 現金預金の増加→現金預金→資産→増加→借方

(借) 現 金 預 金　　300　　(貸) 短期運営資金借入金　　300

これが仕訳の基本的な形です。

取引例２：水道光熱費 200 を現金で支払った。
　「①水道光熱費が発生した」
　「②　①を現金で支払った」

① 水道光熱費の発生→水道光熱費→費用→増加→借方

(借) 水 道 光 熱 費　　200　　(貸)

② 現金預金での支払い→現金預金→資産→減少→貸方

(借) 水 道 光 熱 費　　200　　(貸) 現 金 預 金　　200

5要素が増えたらホームポジションに記入、減ったらホームポジションと反対側に記入でしたね！

複合的な仕訳もある

仕訳の基本は「借方1項目、貸方1項目」ですが、取引によっては、「借方2項目、貸方1項目」といった**複合的な仕訳**になることがあります。

「水道光熱費 200 と旅費交通費 100 を現金で支払った」

この取引は、「**水道光熱費（費用）の増加**」、「**旅費交通費（費用）の増加**」と「**現金預金（資産）の減少**」と考え、仕訳は次のようになります。

(借)	水 道 光 熱 費	200	(貸)	現 金 預 金	300
	旅 費 交 通 費	100			

借方の2つの勘定科目は、どちらを先に記入しても勘定科目と金額の組み合わせが合っていれば大丈夫です。

借方と貸方の金額は必ず一致する

仕訳は、1つの取引を2つの側面で捉えて行います。そのため、複合的な仕訳であっても、必ず**借方と貸方の金額は一致**します。

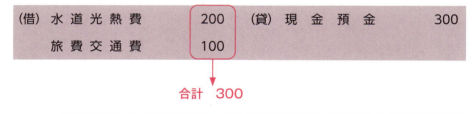

仕訳した後に、借方の合計と貸方の合計が一致するか、必ず確認するようにしましょう。

勘定科目ごとに整理をします

13 勘定口座への記入

残高または合計の確認はどうする？

「現金預金（**資産**）は今いくらあるのか」、「今年の水道光熱費（**費用**）はいくらか」といった残高または合計を知るには、取引の金額を集計する必要があります。

しかし、取引の記録として、仕訳をしただけでは、金額の集計に手間がかかります。

それでは、**勘定科目ごとに、すぐに残高または合計がわかるようにしておく**には、どのような工夫が必要でしょうか？

3 仕訳と転記

転記とは

上記の問題を解決するには、仕訳をした後、**各勘定科目の金額の増減を別々にまとめておく**必要があります。

勘定科目ごとにまとめておく場所を**勘定口座**（略して勘定）といい、仕訳した結果を各勘定口座に書き移します。

この作業を**転記**といいます。

勘定口座に金額を集計することにより、勘定科目ごとの金額が集計されるので、「現金（**資産**）は今いくらあるのか」、「今年の水道光熱費（**費用**）はいくらか」といった勘定科目ごとの残高または合計が、すぐにわかるようになります。

勘定口座は、各勘定科目の金額の増減を記録し、残高や合計を計算するために設けられます。

主要簿と補助簿

帳簿は、**主要簿**と**補助簿**の2種類に分けることができます。

主要簿は、必ず作成しなければならない帳簿で、**仕訳帳**と**総勘定元帳**があります。

仕訳帳とは、日々の取引の仕訳をつづった帳簿のことをいい、また、総勘定元帳は、すべての勘定口座をまとめてつづった帳簿のことをいいます。

補助簿は、特定の取引や勘定について、明細を記録するための帳簿で、**補助記入帳**と**補助元帳**があります。

補助簿は、主要簿を補うものであり、必要に応じて作成されるものです。
例　現金出納帳・固定資産台帳　など

---

point

主要簿

仕　訳　帳 … 取引を発生順に記録するための帳簿

総勘定元帳 … すべての勘定口座を集めた帳簿

転記の方法

仕訳の借方側 … 仕訳の**借方**に記入されている金額を、借方の勘定科目の勘定口座の**借方**に記入します。

仕訳の貸方側 … 仕訳の**貸方**に記入されている金額を、貸方の勘定科目の勘定口座の**貸方**に記入します。

あわせて、取引の**日付**と**相手勘定科目**（仕訳上の反対側の勘定科目）を記入します。

「現金預金」から見た相手勘定科目は、「短期運営資金借入金」となります。相手勘定科目を記入することにより、勘定口座を見ただけで、仕訳が分かります。

「短期運営資金借入金」から見た相手勘定科目は、「現金預金」となります。

また、借方または貸方の勘定科目が**2つ以上になる取引**の場合は、相手勘定科目として諸口という語句を用いて記入します。

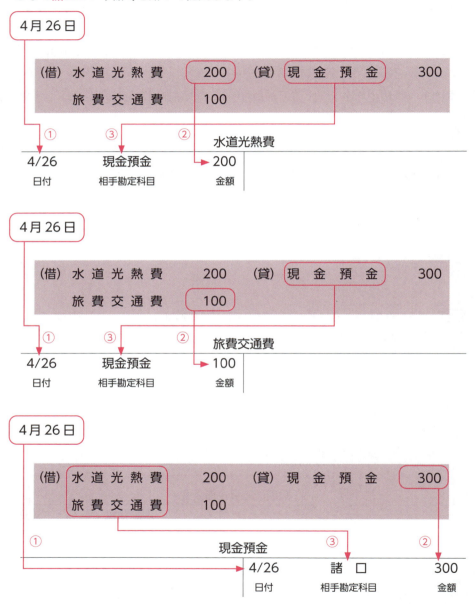

「現金預金」から見た相手勘定科目は、「水道光熱費」、「旅費交通費」の2つとなるため、「諸口」と記入します。
諸口は、諸々の勘定口座の略です。

勘定口座への転記のルール

　勘定口座に転記を行う場合のルールをまとめると、次のとおりです。例えば、資産に属する勘定科目であれば、**増加の時は借方に、減少の時は貸方に**記入します。ということは、**仕訳を行うときのルールとまったく同じ**ですね。

総勘定元帳の記入

勘定口座への転記で学んだ勘定は、アルファベットのTの字に似ていることから「**T字勘定**」と呼ばれ、試験において各勘定の増減を集計する際に役立ちます。

なお、帳簿としての正式な勘定口座は以下の様式になっています。

現　金　預　金

○年		摘要	借方	貸方	差引残高
月	日				
4	1	前月繰越	—	—	×××
	6	相手勘定科目	×××		×××
	12	相手勘定科目		×××	×××

この様式は「残高式」と呼ばれる勘定口座様式です。常に各勘定の残高が明らかになっていることが特徴です。

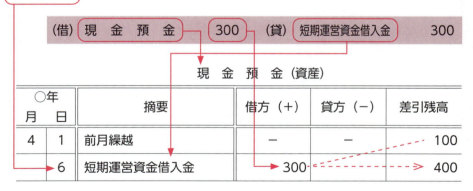

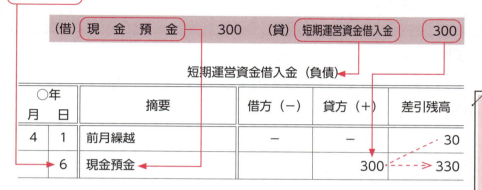

月次報告と試算表

「**試算表**」とは、日々の取引の記録や転記が正しく行われているかをチェックするために毎月1回、月末に作成される計算表です。

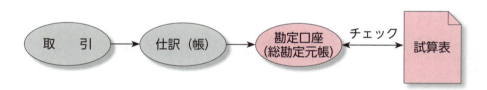

　試算表は、日々の取引の記録や転記の検証だけではなく、1ヶ月の資金の動きや事業活動内容を報告するための役割も果たしています。
　なお、試算表の具体的な作成方法は、「第9章　決算1　決算手続き」で学習します。

　1年分の試算表が「決算整理前試算表」となり、ここから決算手続きがスタートします。

仕訳と転記
確認テスト

答え：P.216

❶ 次の空欄に当てはまる適切な語句を記入しなさい。

（1） 会計の基本的な帳簿である仕訳帳と総勘定元帳を総称して
（　　　　　）という。

第 10 回出題

（2） 計算書類が完成するまでの複式簿記の手続きは、発生した取引に基づいて（　　　　　）に仕訳を行い、その結果を、勘定口座を綴った（　　　　　）に転記し、転記の正否を確かめるため試算表を作成し、決算整理事項を記入した精算表を作成して計算書類を作成する流れとなっている。

第 15 回改題

第3章 仕訳と転記

❷ 次の令和○年３月の取引の仕訳を解答用紙の元帳に転記したうえで、「差引残高」欄の金額も記入しなさい（金額単位は省略している）なお、「摘要」欄には仕訳の相手科目を記入し、相手科目が複数の場合は「諸口」と記入しなさい。ただし、各勘定を締め切る必要はなく、取引合計を記入する必要もない。

【仕訳】

取引日	借方科目	金額	貸方科目	金額
2日	事 業 未 払 金 手 数 料	925 2	現 金 預 金	927
5日	通 信 運 搬 費	(　　　)	現 金 預 金	(　　　)
15日	現 金 預 金	8,332	保 育 事 業 収 益	8,332
18日	消 耗 器 具 備 品 費	891	事 業 未 払 金	891
20日	保 育 材 料 費	283	現 金 預 金	283
25日	職 員 給 料 非 常 勤 職 員 給 与	5,116 1,293	現 金 預 金 職 員 預 り 金	5,614 (　　　)
31日	器 具 及 び 備 品	467	そ の 他 の 未 払 金	467
31日	事 業 未 収 金 未 収 補 助 金	530 (　　　)	保 育 事 業 収 益	2,728

答案用紙

現 金 預 金

○年		摘要	借方	貸方	差引残高
月	日				
3	1	前月繰越	−	−	51,722
	5			25	

事 業 未 収 金

○年		摘要	借方	貸方	差引残高
月	日				
3	1	前月繰越	−	−	0

未 収 補 助 金

○年		摘要	借方	貸方	差引残高
月	日				
3	1	前月繰越	−	−	0

第3章 仕訳と転記

器 具 及 び 備 品

○年		摘要	借方	貸方	差引残高
月	日				
3	1	前月繰越	－	－	1,792

事 業 未 払 金

○年		摘要	借方	貸方	差引残高
月	日				
3	1	前月繰越	－	－	925

そ の 他 の 未 払 金

○年		摘要	借方	貸方	差引残高
月	日				
3	1	前月繰越	－	－	0

職 員 預 り 金

○年		摘要	借方	貸方	差引残高
月	日				
3	1	前月繰越	－	－	0

77

保 育 事 業 収 益

○年 月	日	摘要	借方	貸方	差引残高
3	1	前月繰越	−	−	98,539

職 員 給 料

○年 月	日	摘要	借方	貸方	差引残高
3	1	前月繰越	−	−	56,391

非 常 勤 職 員 給 与

○年 月	日	摘要	借方	貸方	差引残高
3	1	前月繰越	−	−	14,758

保 育 材 料 費

○年 月	日	摘要	借方	貸方	差引残高
3	1	前月繰越	−	−	3,243

消 耗 器 具 備 品 費

○年		摘要	借方	貸方	差引残高
月	日				
3	1	前月繰越	−	−	3,571

通 信 運 搬 費

○年		摘要	借方	貸方	差引残高
月	日				
3	1	前月繰越	−	−	382

手 数 料

○年		摘要	借方	貸方	差引残高
月	日				
3	1	前月繰越	−	−	38

Column
「仕分け」と「仕訳」

簿記の学習を始めたころ、「仕訳」という漢字を間違えて「仕分け」と書いてしまうことがよくありました。

そこで、「仕分け」と「仕訳」の違いは何だろう？調べてみよう！と思い立ったのです。

【仕分け】物事や物品をその種類や性質などで分類すること
　　　　　例：荷物を仕分ける　仕事を仕分ける
【仕　訳】簿記上の勘定科目を借方と貸方に区別すること（会計用語）
　　　　　例：取引を仕訳し、記帳する

どちらも「分類する」という意味では共通していますが、仕訳の「訳」には「理由」という意味があります。つまり、「資産や負債が増えた理由、減った理由」と捉えることができます。

確かに、仕訳は「相手勘定科目」を見ることで資産や負債の増減の「理由」がわかるようになっていますね。

　　例えば　借）現金預金 10　貸）受取利息配当金収益 10

という仕訳からは、現金預金という資産が増えた「理由」が利息を受け取ったからということが判ります。

なるほど、「理由」なんだ！！と納得してからは、字を間違えることがなくなりました。

「納得」することは学習ではとても大事です。「なるほど！」と思ったことは印象に残り忘れなくなるからです。

皆様もたくさんの「なるほど！」を経験し、暗記に頼らない学習を目指してくださいね。

なんでだろう？は理解に繋がります！

第4章

日常の会計処理1
現金と預金

⑭ 現金
⑮ 普通預金
⑯ 当座預金
⑰ 小口現金

ここからは、日常の取引の処理をみていきましょう。

社会福祉法人が行う日常の取引のほとんどは支払資金増減取引です。中でも一番多い取引は「現金預金」の取引です。

貸借対照表では「現金預金」という科目にまとめて表示しますが、実際の記帳を「現金預金」という科目で処理すると現金なのか預金なのかがわからなくなってしまうので、帳簿上では細分化することが必要になります。

貸借対照表の現金預金は次のように細分化します。

・現金
・普通預金
・当座預金
・小口現金

簿記上の現金はちょっとだけ違います

14 現金

簿記上の現金

　簿記でいう現金は「即時的な支払い手段となるもの」と定義されます。例えば、私がみなさんから1万円借りていたとして、それを返したときに、みなさんが「返ってきた」と納得できるもの、ということになります。するとみなさんは、1万円札1枚でなくても、500円玉20枚でも、まあ納得できるでしょう。

　この他に、『**金融機関に持ち込めば、すぐに現金化してくれるもの**』でも、みなさんには納得していただけるのではないでしょうか。

　これらは『**通貨代用証券**』と言われ、簿記上では「**現金**」として扱うことになるのです。

point

簿記上の現金 … 硬貨、紙幣、通貨代用証券

硬貨、紙幣	通貨代用証券
	・他人振出小切手 ・郵便為替証書 ・郵便振替貯金払出証書 ・官公庁の支払通知書 　　　　　　　　　など

上記4つの名称を見て、通貨代用証券だとわかるようにしましょう。

現金の仕訳

現金は資産なので、**増えたら借方、減ったら貸方**に記入します。

> **point**
>
> 現金 ⇒ 資産 ⇒ 増えたら借方、減ったら貸方に記入

取引　小切手を受け取った場合（他人振出小切手）

経常経費に対する寄附金として 50 の他人振出小切手を受け取った。
⇒「**現金（資産）の増加**」／「**経常経費寄附金収益（収益）の増加**」

（借）現　　金	50	（貸）経常経費寄附金収益	50

　この取引では、収益が計上されています。費用、収益の計上は純資産の変動要因なので、**事業活動計算書に記載される取引**であることがわかります。
　また、支払資金の増加要因である流動資産が増加していますので、**資金収支計算書にも記載される取引**となります。

資金仕訳
　本書では、資金収支計算書を作成するための仕訳を「資金仕訳」として記載しています。

（借）支　払　資　金	50	（貸）経常経費寄附金収入	50

入金はコチラ　支払いはアチラ

15 普通預金

普通預金

個人や法人が、資金管理のために開設する口座が普通預金口座です。

複数の口座をもっている場合、普通預金の後に銀行名を付けて管理することがあります。

取引量が増えると、入金用の口座は全国にある銀行、支払用の口座は支払手数料の安い銀行と分けたりします。

point

普通預金 ⇒ 資産 ⇒ 増えたら借方、減ったら貸方に記入

取引　口座の開設

これまで普通預金の取引は UFO 銀行のみで行ってきたが、新たに JRA 銀行にも口座を設けることとし、UFO 銀行の普通預金口座から、80,000 を振り替えた。なお、当社では、普通預金の後に銀行名を付して勘定科目としている。

⇒「**普通預金 JRA 銀行**（資産）の増加」／「**普通預金 UFO 銀行**（資産）の減少」

| （借） | 普通預金JRA銀行 | 80,000 | （貸） | 普通預金UFO銀行 | 80,000 |

資金仕訳はありません。

第4章 日常の会計処理1 現金と預金

取引　普通預金口座からの支払い

短期運営資金借入金10,000の返済のために、JRA銀行の口座から振込みを行った。

⇒「**短期運営資金借入金（負債）の減少**」／「**普通預金 JRA 銀行（資産）の減少**」

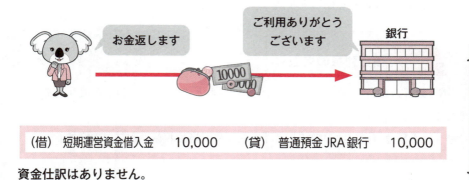

| （借） | 短期運営資金借入金 | 10,000 | （貸） | 普通預金 JRA 銀行 | 10,000 |

資金仕訳はありません。

預金利息の処理

普通預金や定期預金は、一定期間の預金残高に対して、銀行からの利息を受け取ります。

預金残高に対しての利息は通常、預けている預金口座に振り込まれます。振り込まれた利息は**受取利息配当金収益**（収益）で処理をします。

取引　預金利息の受取り

NS銀行の普通預金口座の通帳記入を行ったところ、30の利息が振り込まれていたことが判明した。

⇒「普通預金（資産）の増加」／「受取利息配当金収益（収益）の増加」

| (借) | 普通預金 | 30 | (貸) | 受取利息配当金収益 | 30 |

資金仕訳

| (借) | 支払資金 | 30 | (貸) | 受取利息配当金収入 | 30 |

手元に現金がなくても支払うことができます

16 当座預金

当座預金

　当座預金は預金の一種ですが、預金の利息がつかない、預金を引き出すために小切手を振り出すといった特徴のある預金です。

他人振出小切手を受け取ったときは、現金の増加として処理します。

当座預金の必要性

　1か月分の代金を支払う状況を考えてみましょう。
　支払い側は、1か月分の代金として現金を手許に用意する必要があり、受け取り側は、受け取った現金を持ち歩く必要があります。
　1か月分の代金なので、金額が大きくなり、双方に盗難や紛失のリスクが生じます。このリスクを回避するために、小切手による代金の支払いを行います。

通常は、受け取り側が代金の回収（集金）に行きます。

当座預金口座の開設

　小切手による代金の支払いを行うために、取引銀行に**当座預金口座**を開設し、その銀行から小切手帳を受け取ります。

　代金を支払うさい、小切手帳に必要事項を記入し、支払先に小切手を渡します。このことを「小切手を振り出す」といいます。小切手は、銀行に対して「小切手と引き替えに持参人へ（私の当座預金口座から）お支払いください」と依頼する証券です。

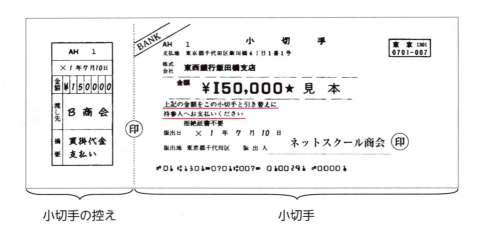

小切手の控え　　　　　小切手

point

当座預金 … 預金の一種、小切手で預金を引き出す

　小切手の左上に「ＢＡＮＫ」とあるのは、「小切手の持参人の銀行口座に振り込みます」ということを意味しており、受け取る相手を特定することで不正換金を防止することができます（ひろった小切手を換金するとバレます）。

当座預金の仕訳

当座預金の仕訳は、①**当座預金口座を開設した（預け入れた）とき**、②**小切手を振り出したとき**に行いますが、実際に引き落とされたときには仕訳は行いません。

当座預金は資産なので、**増えたら借方、減ったら貸方**に記入します。

> **point**
>
> 当座預金 ⇒ 資産 ⇒ 増えたら借方、減ったら貸方に記入

取引 ①当座預金口座の開設

取引銀行に当座預金口座を開設し、現金 500,000 を預け入れた。

⇒「**当座預金（資産）**の増加」／「**現金（資産）**の減少」

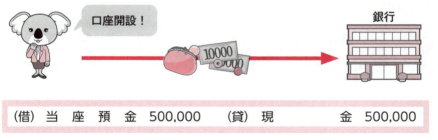

| （借）当 座 預 金 | 500,000 | （貸）現　　　　金 | 500,000 |

資金仕訳はありません。

取引 ②小切手の振り出し

業務用のパソコンを 120,000 で購入し、代金は小切手を振り出して支払った。
⇒「器具及び備品（資産）の増加」／「当座預金（資産）の減少」

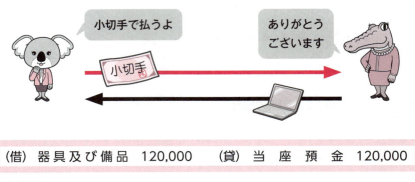

| （借）器具及び備品 120,000 | （貸）当 座 預 金 120,000 |

資金仕訳

| （借）器具及び備品取得支出 120,000 | （貸）支 払 資 金 120,000 |

②の仕訳では「**小切手を振り出したとき**」に当座預金を減少させていますが、実際には小切手を受け取った人が「**銀行に小切手を持っていったとき**」に、当座預金口座から支払われます。そのため、「**小切手を振り出したとき**」には、実際の当座預金はまだ減っていません。

しかし、小切手を受け取った人は、いつでも、銀行で小切手を換金することができるので、実際にはまだ当座預金が減っていなくても、「**小切手を振り出したとき**」に当座預金が減ったものとして仕訳します。

いつ当座預金が減るのかわからないので、小切手を振り出したときに当座預金が減ったものとします。

一方、小切手を受け取った側は、通貨代用証券である「**他人振出小切手の受取り**」になるため、『**現金**(資産)』の増加として処理します。

超 重要

小切手の振出し … 当座預金（資産）の減少として処理
他人振出小切手の受取り … 現金（資産）の増加として処理

日々の少額出費は別のお財布で管理

17 小口現金

小口現金とは

管理上、多額の現金を手許においておくことは望ましくありません。

また、入金した現金を直接外部の支払いに充てることも好ましくありません。そこで、受け取った現金のすべてを預金口座に預け入れ、多額の支払いは小切手の振出しや預金口座からの振込みで行うこととします。

一方日々発生する少額の支払いについては、手許に少額の現金を用意しておき（これを**小口現金**といいます）この小口現金から行うという方法がとられることがあります。

小口現金勘定は、このような小口現金を処理する科目です。

小口現金の管理

小口現金の管理方法には、**定額資金前渡法**と**任意補給法**（または「随時補給法」）の2つの方法があります。

定額資金前渡法は、会計係が前もって一定額の現金を小口現金係に預けておき、後日（週末、月末など）に使用した金額を小口現金係から会計係に報告し、使用した分だけ現金を補給する方法です。

任意補給法は、小口現金係の手許にある小口残高が少なくなった時に、必要に応じて会計係から小口現金係に随時現金を補給する方法です。

point

小口現金 ⇒ 資産 ⇒ 増えたら借方、減ったら貸方に記入

小口現金の仕訳

小口現金の仕訳は、次の3つがあります。
　①小口現金係にお金を渡したとき
　②小口現金係から支払報告を受けたとき
　③小口現金係に支払額と同額のお金を渡したとき

小口現金係が「支払い」をしたときには、仕訳をしないので注意しましょう。

取引　①小口現金係にお金を渡したとき

6月1日　1週間分の小口現金として普通預金口座から3,000を引き出し、小口現金係に渡した。

⇒ 「小口現金（資産）の増加」／「普通預金（資産）の減少」

| (借) | 小口現金 | 3,000 | (貸) | 普通預金 | 3,000 |

資金仕訳はありません。

取引 ②小口現金係から支払報告を受けたとき

6月5日　小口現金係から、次のとおり1週間分の支払報告を受けた。
　　　　6/2　電車代600、6/3　切手代500、6/4　文房具代400
　　　　6/5　茶菓代800

⇒「**旅費交通費**（費用）の増加」　　　「**小口現金**（資産）の減少」
　　「**通信運搬費**（費用）の増加」
　　「**事務消耗品費**（費用）の増加」
　　「**雑費**（費用）の増加」

（借）旅費交通費	600	（貸）小口現金	2,300
通信運搬費	500		
事務消耗品費	400		
雑　　　費	800		

資金仕訳

（借）旅費交通費支出	600	（貸）支払資金	2,300
通信運搬費支出	500		
事務消耗品費支出	400		
雑　支　出	800		

取引 ③小口現金係に支払額と同額のお金を渡したとき

6月8日　小口現金係から報告を受けた 2,300 について、本日普通預金口座から引き出し、小口現金係に渡した。

⇒「小口現金（資産）の増加」／「普通預金（資産）の減少」

（借）小 口 現 金　　2,300　　（貸）普 通 預 金　　2,300

資金仕訳はありません。

なお、上記②小口現金係から支払報告を受けて、③小口現金係に支払額と同額のお金を渡す取引を同時に行った場合、小口現金勘定を相殺（仕訳上なくすことをいいます）し、次のように仕訳することもあります。

（借）	旅 費 交 通 費	600	（貸）	普 通 預 金	2,300
	通 信 運 搬 費	500			
	事 務 消 耗 品 費	400			
	雑　　　　　費	800			

しかし、このような記帳法では、総勘定元帳を見ても期中の小口現金の動きがわかりませんので、実務上はお勧めできません。

小口現金の動きを把握するためにも、②と③の仕訳を別々に行うほうが望ましいでしょう。

小口現金出納帳

小口現金出納帳とは、小口現金の支払いを報告するための**補助簿**です。

小口現金出納帳

受　　入	×1年		摘　　要	支　　払	内　　　訳			
					旅費交通費	通信運搬費	事務消耗品費	雑　　費
3,000 ①	6	1	本 日 補 給					
		2	電 車 代	600	600			
		3	切 手 代 ③	500		500	②	
		4	文 房 具 代	400			400	
		5	茶 菓 代	800				800
			合　　計	2,300	600	500	400	800
2,300 ④		5	本 日 補 給		③			
		〃	次 週 繰 越	3,000				
5,300				5,300 ⑤				
⑥								
3,000	6	8	前 週 繰 越					

①小口現金として受け入れた金額 3,000 円を記入します。

②支払額を取引の内容に応じて、費目別に記入します。

③「支払額の合計」と「費目別に集計した額の合計」は一致（2,300 円）します。

④小口現金として受け入れた金額 2,300 円（支払額と同額）を記入します。

⑤次週繰越 3,000 円を前週繰越 3,000 円として記入します。

⑥受入欄の合計と支払欄の合計は一致（5,300 円）します。

貸借対照表上の表示

「現金」「普通預金」「当座預金」「小口現金」は、帳簿上では細かく使い分ける必要がありますが、貸借対照表上では「**現金預金**」として一括表示されます。

試験の仕訳問題では「現金預金」として仕訳をすることが多いため、次の章以降は「**現金預金**」勘定で仕訳を説明をしていきます。

日常の会計処理1　現金と預金

確認テスト

答え：P.221

❶　次の空欄に当てはまる適切な語句を記入しなさい。

（1）　小口現金の管理方法のうち、会計係が前もって一定額の現金を小口現金担当者に渡し、後日定められた日に使用した金額を小口現金担当者から会計係に報告して使用した金額を補給する方法を、（　　　　　　　）という。また、このとき小口現金担当者が記載する、小口現金の支払い明細を記入した補助簿を（　　　　　　　　　）という。

第10回出題

（2）　小切手を用いて支払いを行うために保有する銀行口座を（　　　　　）預金という。

第10回出題

（3）　一般に（　　　　　　　）の補充方法には、定額資金前渡法と任意補給法などがある。

第13回出題

（4）　小口現金の管理方法のうち、小口現金担当者の管理する小口現金有高が少なくなった時に、必要に応じて、出納職員から小口現金担当者に補給する方法を（　　　　　　　）といい、小口現金の支払い明細を記入した（　　　　　）を小口現金出納帳という。

第15回出題

4

日常の会計処理1
現金と預金

97

❷ 次の取引を仕訳しなさい。なお、勘定科目は語群から選択すること。

語群：現金　　当座預金　　普通預金　　小口現金

（1）　普通預金口座から 10,000 を引き出し、小口現金を補充した。

第 13 回改題

答案用紙

	勘定科目	金額	勘定科目	金額
（1）				

第5章

日常の会計処理２
収益・費用の会計処理

- ⑱ 事業収益の会計処理
- ⑲ 事業費と事務費の会計処理
- ⑳ 人件費の会計処理

> 社会福祉法人は、サービスを提供することで収益を得ています。
> また、日々の運営にあたり様々な費用が発生しています。
> 社会福祉法人会計では、日々発生する収益や費用を**事業活動計算書**という報告書に記載し、報告しなければなりません。
> この章では、**収益**や**費用**を計上するタイミングやその具体的な処理方法を学習していきましょう。

【第５章以降の「現金預金」が関わる仕訳について】

各勘定の増減については、問題文にもとづいた、詳しい勘定科目「現金」勘定を用いています。

取引　事務費の計上

事務用品100を購入し、代金は 現金 で支払った。
⇒「事務消耗品費（費用）の増加」／「現金（資産）の減少」

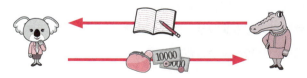

| （借）事務消耗品費 | 100 | （貸）現金預金 | 100 |

仕訳については、本試験で使用する勘定にならって「現金預金」勘定を使用しています。

利用者からも国や地方公共団体からもいただきます

18 事業収益の会計処理

事業収益とは

　社会福祉法人は、福祉施設運営などの事業活動サービスの提供を行う対価として、国や地方公共団体及び利用者からの報酬を受け取ります。この報酬を**事業収益**といい、社会福祉法人が行う事業活動の種類に応じて適切な勘定科目を用いて仕訳します。

事業収益の主な勘定科目

　事業収益は社会福祉法人が提供しているサービスの種類によって、以下の勘定科目で処理されます。利用者から受け取る報酬も、国や地方公共団体から受け取る報酬も、どちらも「〇〇事業収益」として処理をします。

　また、報酬ではありませんが、利用者の家族や地域の企業から少額の寄附を受け取ることがあります。受け取った寄附金は「**経常経費寄附金収益**」として処理をします。

　「〇〇事業収益」、「経常経費寄附金収益」いずれも、事業活動計算書の「サービス活動増減の部」に記載します。

〇〇事業収益の例

　介護保険事業収益、老人福祉事業収益、児童福祉事業収益
　保育事業収益、利用者等利用料収益、就労支援事業収益
　障害福祉サービス等事業収益、生活保護事業収益
　医療事業収益、退職共済事業収益　等

第5章 日常の会計処理2 収益・費用の会計処理

取引　事業収益の計上

　本日、老人福祉事業に対する利用者負担金 20,000 が、普通預金口座に振り込まれた。

⇒「**普通預金（資産）の増加**」／「**老人福祉事業収益（収益）の増加**」

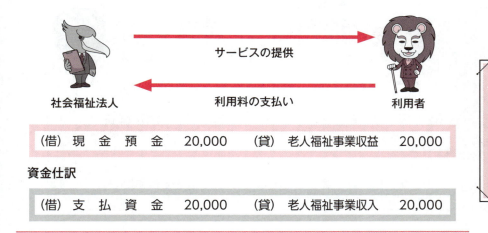

| （借）現　金　預　金 | 20,000 | （貸）老人福祉事業収益 | 20,000 |

資金仕訳

| （借）支　払　資　金 | 20,000 | （貸）老人福祉事業収入 | 20,000 |

取引　寄附金の受け入れ

利用者の家族から、経常経費に対する寄附金135を現金で受け取った。

⇒「現金（資産）の増加」／「経常経費寄附金収益（収益）の増加」

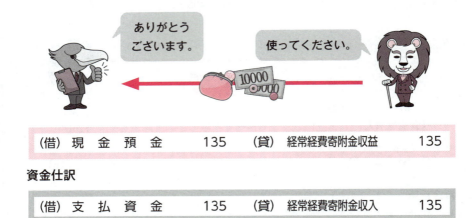

| (借) 現 金 預 金 | 135 | (貸) 経常経費寄附金収益 | 135 |

資金仕訳

| (借) 支 払 資 金 | 135 | (貸) 経常経費寄附金収入 | 135 |

第5章 日常の会計処理2 収益・費用の会計処理

補助金とは

　社会福祉法人では、施設の運営費に対する補助金を国や地方公共団体から受け取ることがあります。

　国や地方公共団体から、補助金の交付決定通知を受け取ったときにも「○○事業収益」として収益計上します。

取引　補助金の受け入れ

　NS市より保育事業の運営費として、補助金 1,000 の交付が決定した旨の通知を受けた。

⇒「**未収補助金（資産）**の増加」／「**保育事業収益（収益）**の増加」

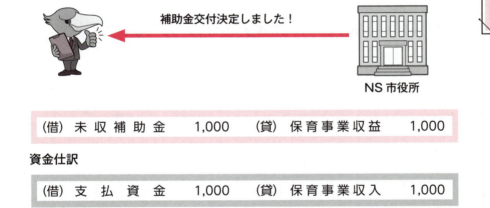

(借) 未 収 補 助 金	1,000	(貸) 保 育 事 業 収 益	1,000

資金仕訳

(借) 支 払 資 金	1,000	(貸) 保 育 事 業 収 入	1,000

　補助金交付の決定通知を受け取った場合、実際に補助金が入金されるまでは「**未収補助金（資産）**」で処理をします。

取引 補助金の入金

　本日普通預金口座を確認したところ、以前に交付決定通知を受けていたNS市からの補助金1,000が入金されていることを確認した。

⇒「**普通預金（資産）の増加**」／「**未収補助金（資産）の減少**」

普通預金口座
補助金￥1,000

| (借) 現　金　預　金　　1,000 | (貸) 未　収　補　助　金　　1,000 |

資金仕訳はありません。

補助金が振り込まれたら、「**未収補助金**」を取り消します。

支出の目的が違います

19 事業費と事務費の会計処理

事業費とは

　事業費とは、「社会福祉法人が利用者に対するサービスを提供するための直接的な支出」です。

　例えば、老人福祉事業での介護用品（オムツやタオルなど）、保育事業での絵本の購入代金や給食用材料代などが該当します。

介護用品費

保育材料費

給食費

事業費の主な勘定科目

　事業費の主な科目は以下のとおりです。

事業費の例

給食費、介護用品費、保健衛生費、医療費、被服費、教養娯楽費、日用品費
保育材料費、水道光熱費、燃料費、消耗器具備品費、保険料
賃借料、教育指導費、就職支度費、葬祭費、車輌費、○○費、雑費 など

取引　事業費の計上

給食用食材 1,500 を購入し、代金は現金で支払った。
⇒「**給食費（費用）の増加**」／「**現金（資産）の減少**」

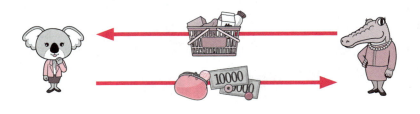

（借）給　食　費	1,500	（貸）現　金　預　金	1,500

資金仕訳

（借）給 食 費 支 出	1,500	（貸）支　払　資　金	1,500

事業費は、サービスを提供するために**直接的にかかった費用**です。

事務費とは

事務費とは、「社会福祉法人を運営するための支出」です。
例えば、職員研修のための支出や、事務用消耗品購入費用などが該当します。

研修研究費

事務消耗品費

事務費の主な勘定科目

事務費の主な科目は以下のとおりです。

事務費の例

福利厚生費、職員被服費、旅費交通費、研修研究費
事務消耗品費、印刷製本費、修繕費、通信運搬費、会議費
広報費、業務委託費、手数料、土地・建物賃借料
租税公課、保守料、渉外費、諸会費、〇〇費、雑費 など

> **取引** 事務費の計上

事務用品 100 を購入し、代金は現金で支払った。

⇒「**事務消耗品費（費用）の増加**」／「**現金（資産）の減少**」

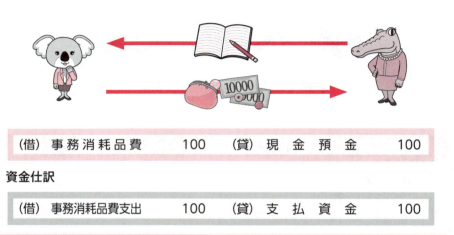

| （借） | 事務消耗品費 | 100 | （貸） | 現 金 預 金 | 100 |

資金仕訳

| （借） | 事務消耗品費支出 | 100 | （貸） | 支 払 資 金 | 100 |

事務費は、**法人運営や施設運営に係る費用**です。

事業費、事務費共通の科目について

　例えば、老人ホームの施設を暖めるための「**水道光熱費**」は、利用者のみならず職員の部屋も暖めるので、事業費と事務費の両方で発生することになりますが、原則は「事業費」として処理をします。「水道光熱費」の他に「**燃料費**」「**賃借料**」「**保険料**」も同様に処理をします。

総額と手取り額の違いは？

20 人件費の会計処理

人件費の主な勘定科目

　常勤職員に対して支払われる、毎月の給与・手当は「**職員給料（費用）**」で処理し、賞与・一時金は「**職員賞与（費用）**」で処理します。また、非常勤職員に対して支払われる給与、手当および賞与は「**非常勤職員給与（費用）**」で処理します。
　また、決算で計上される「**賞与引当金繰入**」や「**退職給付費用**」といった科目も人件費に該当する勘定科目です。詳細は第9章で学習します。

源泉徴収制度とは

　職員に給料を支払うときに、職員の所得税の源泉徴収額と職員が負担する社会保険料を天引きしていったん預かり、職員に代わって、給料の支払者が国などへ納付する制度があります。
　このような制度を源泉徴収制度といいます。
　所得税の源泉徴収額や職員が負担する社会保険料を預かった場合、「**職員預り金（負債）**」で処理します。

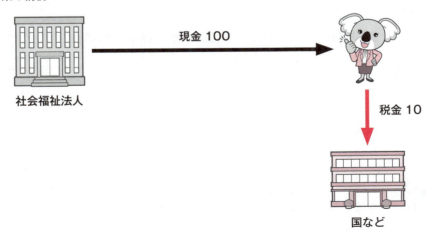

本来の納税

社会福祉法人 → 現金 100 → 税金 10 → 国など

5 日常の会計処理2 収益・費用の会計処理

109

源泉徴収による納税

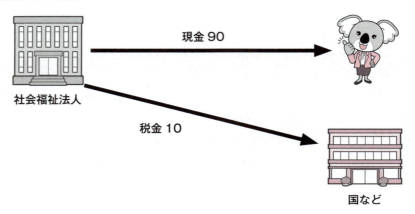

　源泉には「元」という意味があり、所得税などを給料などの「支払元」である法人から徴収する制度です。
　また、給料はあくまで総額で計上します。

社会福祉法人負担の社会保険料の処理

　健康保険料、介護保険料などの社会保険料と厚生年金については、従業員個人の負担額と同額を法人でも負担します。つまり職員と雇用主が折半で負担をしているのです。

　この社会保険料の法人負担額は「**法定福利費（費用）**」で処理します。

point

社会保険料は、従業員個人と会社が半分ずつ負担する。
会社の負担分⇒法定福利費⇒費用⇒増えたら借方

　「福利」は幸福と利益という意味で『法定福利費』は「法律で定められた、従業員の幸福と利益のための費用」です。

取引 給与を支払ったとき

当月の常勤職員の給料総額20,000から、所得税の源泉徴収額900および社会保険料1,900を控除した残額を現金で支払った。

⇒ 「職員給料（費用）の増加」 ／ 「職員預り金（負債）の増加」
／ 「現金（資産）の減少」

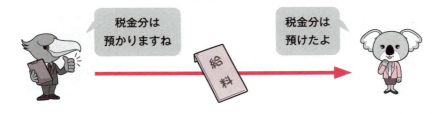

（借）職員給料	20,000	（貸）職員預り金	2,800
		現金預金	17,200*

＊ 20,000 − 2,800 = 17,200

資金仕訳

（借）職員給料支出	20,000	（貸）支払資金	20,000

取引 預かった所得税、保険料を納付したとき

　上記の源泉所得税900、社会保険料の預り金1,900と社会保険料の法人負担額1,900を併せて現金で納付した。

⇒「職員預り金（負債）の減少」／「現金（資産）の減少」
　「法定福利費（費用）の増加」

(借)	職員預り金	2,800	(貸)	現金預金	4,700
	法定福利費	1,900			

資金仕訳

(借)	法定福利費支出	1,900	(貸)	支払資金	1,900

　職員預り金を納付した取引については、職員預り金（流動負債）の減少と同額だけ現金預金（流動資産）も減少しますので、支払資金残高に変動はありません。したがって資金仕訳は法定福利費支出の部分のみとなることに注意しましょう。

日常の会計処理 2　収益・費用の会計処理
確認テスト

答え：P.222

❶ 次の取引を仕訳しなさい。なお、勘定科目は語群から選択する。

語群：現金預金　事業未収金　未収補助金　事業未払金
　　　介護保険事業収益　障害福祉サービス等事業収益
　　　経常経費寄附金収益　老人福祉事業収益　施設整備等寄附金収益

（1）　介護保険事業にかかる介護報酬 14,626 が普通預金に入金された。

第 10 回出題

（2）　障害福祉サービス等事業の報酬 9,876 を事業未収金に、6,388 を未収補助金に計上した。

第 13 回出題

（3）　前期に事業未収金として計上していた介護保険事業報酬 10,240 と当期の介護保険事業報酬 112,734 が、普通預金に入金された。

第 14 回出題

（4）　施設運営に充てる目的の寄附金 60 を、利用者から現金で受け取った。

第 11 回出題

（5）　老人福祉事業に係る運営補助金 5,600 が普通預金に入金された。

第 13 回出題

（6）　施設整備のための寄附金 500 を現金で受け取った。

第 14 回出題

5　日常の会計処理 2　収益・費用の会計処理

113

答案用紙

	借方科目	金額	貸方科目	金額
(1)				
(2)				
(3)				
(4)				
(5)				
(6)				

第5章　日常の会計処理2　収益・費用の会計処理

❷ 次の取引を仕訳しなさい。なお、勘定科目は語群から選択する。

語群：現金預金、事業未払金、土地・建物賃借料、通信運搬費、給食費
　　　事務消耗品費、広報費、研修研究費、水道光熱費、租税公課

（1）　施設の広報のためのパンフレットの印刷代 670 を、小切手で支払った。

第 10 回出題

（2）　給食費 2,756 と電気代 346 が、普通預金から引き落とされた。

第 10 回出題

（3）　電話代 158 が普通預金から引き落とされた。

第 10 回出題

（4）　職員の研修参加費 30 と参加のための旅費 85 を合わせて現金で支払った。

第 11 回出題

（5）　契約書に貼付する収入印紙 4 を、現金で支払った。

第 13 回出題

（6）　施設建物の敷地の当月分の地代 300 を普通預金から振り込んだ。

第 13 回出題

（7）　事務消耗品の納品を受け、代金 28 の支払いは翌月とした。

第 10 回出題

5

日常の会計処理2
収益・費用の会計処理

答案用紙

	借方科目	金額	貸方科目	金額
(1)				
(2)				
(3)				
(4)				
(5)				
(6)				
(7)				

第5章　日常の会計処理2　収益・費用の会計処理

❸ 次の取引を仕訳しなさい。なお、勘定科目は語群から選択する。

語群：現金預金　事業未収金　未収補助金　事業未払金　職員預り金
　　　広報費　給食費　水道光熱費　通信運搬費　租税公課
　　　土地・建物賃借料　事務消耗品費　職員給料　非常勤職員給与
　　　法定福利費　介護保険事業収益　障害福祉サービス等事業収益

（1）　正規職員の俸給 4,001 と非常勤職員の俸給 1,081 から社会保険料等 681 を預り、残りを普通預金から支払った。

第 11 回出題

（2）　職員から預かっていた保険料 1,276 と事業主負担分を合わせ、2,568 を普通預金から支払った。

第 12 回出題

（3）　嘱託医に対して、嘱託医報酬（非常勤職員給与）150 から源泉所得税 8 を差し引いた 142 を普通預金から支払った。

第 15 回出題

5

日常の会計処理2
収益・費用の会計処理

答案用紙

	借方科目	金額	貸方科目	金額
（1）				
（2）				
（3）				

117

Column
認定こども園が増えている！

「認定こども園」とは、2006年に就学前の児童が通う施設として、「幼稚園」「保育所」に加え3つ目の選択肢として、内閣府によって導入された施設です。

もともと、幼稚園は3歳にならないと利用できないので、3歳未満の子供を預けて働く家庭では、必然的に保育所を選択せざるを得ませんでした。

また、幼稚園では標準利用時間が1日4時間程度なので、フルタイムでの共働きの場合もやはり保育所という選択肢しかなかったのです。

しかし、3つ目の選択肢として登場した認定こども園は、幼児教育を主体とする幼稚園と、児童福祉としての保育主体である保育所の、両方の良さを兼ね備えていると言われています。

また、認定こども園は「待機児童」問題の解消にも期待されています。

専業主婦世帯と共働きの世帯の割合は、2000年にほぼ同数となり、2020年には共働きの世帯が専業主婦の世帯の2倍以上になっています（厚生労働白書より）。

育児休暇制度の導入などにより、出産しても働き続ける選択をする女性が圧倒的に増えてきた中で、認定こども園の存在は、共働き世帯の救世主となるのでしょうか？

資料：内閣府

第6章

日常の会計処理3
その他の債権・債務

㉑ 未収金と未払金
㉒ 貸付金と借入金
㉓ 前払金と前受金
㉔ 仮払金と仮受金
㉕ 立替金と預り金

債権と債務には、いろいろな形があります。

サービスを提供した対価としての報酬を後日受け取ることができる「権利」や、貸しているお金を返してもらう「権利」、物品の購入代金を後日に支払わなければならない「義務」や、借りているお金を返済しなくてはならない「義務」などです。

この章ではこれらの債権と債務を学習します。それぞれがどのような場面で使われるのかをイメージしながら学習していきましょう。

事業活動か事業活動以外かで区別します！

21 未収金と未払金

未収金・未払金とは

　サービスを提供した時の代金や、不要になった物品などを売った時の売却代金を後日に受け取る場合は「**未収金（資産）**」で処理をします。また、サービスの提供を受けた時の代金や、物品などを購入した時の購入代金を後日に支払う場合は「**未払金（負債）**」で処理をします。

　「未収金」・「未払金」は、**事業活動により生じた場合**と**事業活動以外から生じた場合**とで明確に区別をします。

事業収益計上・事業費用計上に伴う未収・未払

　事業収益の発生により生じた代金の未回収は、「**事業未収金（資産）**」で処理をします。

　事業活動に伴う事業費や事務費の代金未払いは、「**事業未払金（負債）**」で処理します。

第6章 日常の会計処理3 その他の債権・債務

取引　事業未収金の計上

今月の介護保険事業の報酬として、利用者負担分 10,000 について請求書を送付するとともに未収計上した。

⇒「事業未収金（資産）の増加」／「介護保険事業収益（収益）の増加」

| （借）事業未収金　10,000 | （貸）介護保険事業収益　10,000 |

資金仕訳

| （借）支払資金　10,000 | （貸）介護保険事業収入　10,000 |

取引　事業未収金の回収

先月に未収計上していた介護保険報酬 10,000 が普通預金口座に入金された。

⇒「普通預金（資産）の増加」／「事業未収金（資産）の減少」

| （借）現金預金　10,000 | （貸）事業未収金　10,000 |

資金仕訳はありません。

取引　事業未払金の計上

給食用の食材 500 を購入し、代金は後日支払いとした。
⇒「給食費（費用）の増加」／「事業未払金（負債）の増加」

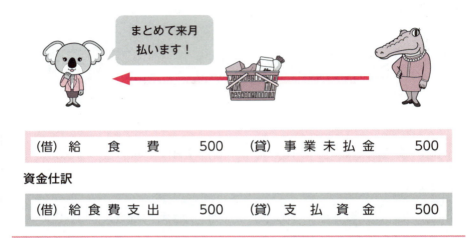

| (借) 給 食 費 | 500 | (貸) 事業未払金 | 500 |

資金仕訳

| (借) 給食費支出 | 500 | (貸) 支 払 資 金 | 500 |

取引　事業未払金の支払い

先月購入した給食用の食材代金 500 を現金で支払った。
⇒「事業未払金（負債）の減少」／「現金（資産）の減少」

| (借) 事業未払金 | 500 | (貸) 現 金 預 金 | 500 |

資金仕訳はありません。

事業収益・事業費用取引以外の場合

　事業収益の計上以外の取引により生じた代金の未回収は、「**未収金（資産）**」で処理をします。

　事業活動に伴う事業費や事務費以外の取引により生じた代金未払いは、「**その他の未払金（負債）**」で処理します。

取引　事業活動以外の未収金の計上

　不要になった応接セット（帳簿価額1,000）を1,000で売却し代金は翌月受け取ることとした。

⇒「**未収金（資産）の増加**」／「**備品（資産）の減少**」

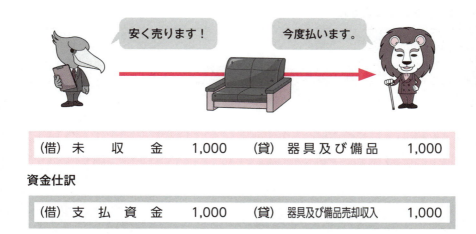

（借）未　収　金	1,000	（貸）器具及び備品	1,000

資金仕訳

（借）支　払　資　金	1,000	（貸）器具及び備品売却収入	1,000

取引　事業活動以外の未収金の回収

先月に売却した備品の代金1,000を現金で受け取った。
⇒「現金（資産）の増加」／「未収金（資産）の減少」

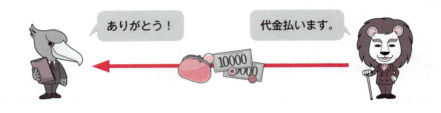

| （借）現　金　預　金 | 1,000 | （貸）未　収　金 | 1,000 |

資金仕訳はありません。

取引　事業活動以外の未払金の計上

送迎用の車輌 150,000 を購入し、代金は来月に支払うこととした。
⇒「車輌運搬具（資産）の増加」／「その他の未払金（負債）の増加」

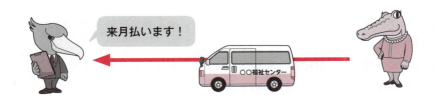

| （借）車輌運搬具　150,000 | （貸）その他の未払金　150,000 |

資金仕訳

| （借）車輌運搬具取得支出　150,000 | （貸）支払資金　150,000 |

取引　事業活動以外の未払金の支払い

先月に購入した送迎用の車輌代金 150,000 を普通預金口座から支払った。
⇒「その他の未払金（負債）の減少」／「普通預金（資産）の減少」

| （借）その他の未払金　150,000 | （貸）現金預金　150,000 |

資金仕訳はありません。

1年以内か1年超かで区別します
22 貸付金と借入金

貸付け・借入れとは？

　法人が職員の質の向上や福利厚生を目的としてお金を貸与することがあります。

　また、施設の運営資金や固定資産購入などの目的で銀行からお金を借りることがあります。

　貸したお金のことを貸付金、借りたお金のことを借入金といいます。

　お金を貸すと、「お金を返してもらえる権利（債権）」が生じるので、「**貸付金（資産）**」で処理します。

　お金を借りると、「お金を返す義務（債務）」が生じるので、「**借入金（負債）**」で処理します。

　貸付金・借入金は返済期日が **1年以内か1年超かで**「**短期貸付金・短期借入金**」と「**長期貸付金・長期借入金**」に分けて記録をします。

　また、社会福祉法人の会計では、借入金について、その「**使途を明確にする科目**」で処理をします。

---

point

　　貸付金 ⇒ 資産 ⇒ 増えたら借方、減ったら貸方に記入
　　借入金 ⇒ 負債 ⇒ 増えたら貸方、減ったら借方に記入

取引 ①短期でお金を貸したとき

施設職員が資格を取得するための授業料（職員の自己負担）5,000 を現金で貸し付けた。なお、返済期日は3か月後の予定である。

⇒「**短期貸付金（資産）の増加**」／「**現金（資産）の減少**」

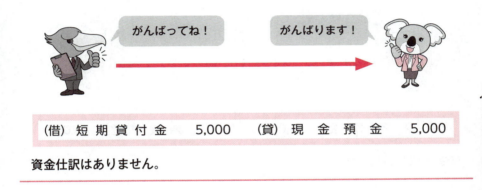

（借）短期貸付金　5,000　　（貸）現　金　預　金　5,000

資金仕訳はありません。

取引 ②短期の貸付の返済を受けたとき

　施設職員が資格を取得するために貸し付けていた授業料（職員の自己負担）5,000について、本日現金で返済を受けた。

⇒「短期貸付金（資産）の増加」／「現金（資産）の減少」

| （借）現 金 預 金 | 5,000 | （貸）短 期 貸 付 金 | 5,000 |

資金仕訳はありません。

第6章 日常の会計処理3　その他の債権・債務

取引 ③短期でお金を借りた時

　施設の短期の運営資金として銀行から 3,000 の借り入れを行い、本日普通預金口座に振り込まれた。なお、返済期日は 6 か月後である。

⇒「**普通預金（資産）の増加**」／「**短期運営資金借入金（負債）の増加**」

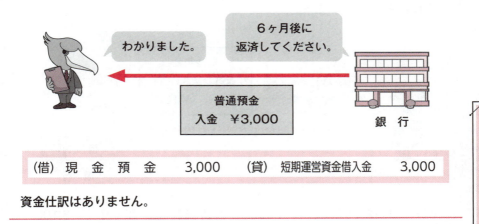

|(借)　現　金　預　金　　3,000|(貸)　短期運営資金借入金　　3,000|

資金仕訳はありません。

| 取 引 | ④短期で借りていたお金を返済したとき |

　施設の運営資金として銀行から借り入れた3,000について、本日返済日であるため利息100とともに普通預金口座から返済した。

⇒「短期運営資金借入金（負債）の減少」／「普通預金（資産）の減少」
　「支払利息（費用）の増加」

| （借） | 短期運営資金借入金 | 3,000 | （貸） | 現　金　預　金 | 3,100 |
| | 支　払　利　息 | 100 | | | |

資金仕訳

| （借） | 支　払　利　息　支　出 | 100 | （貸） | 支　払　資　金 | 100 |

　取引④の資金仕訳については、以下のように取引を2つに分けて考えると解りやすいですよ。

短期運営資金借入金の返済

| （借） | 短期運営資金借入金 | 3,000 | （貸） | 現　金　預　金 | 3,000 |

資金仕訳はありません。

第6章　日常の会計処理3　その他の債権・債務

利息の支払い

| (借) 支 払 利 息 | 100 | (貸) 現 金 預 金 | 100 |

資金仕訳

| (借) 支 払 利 息 支 出 | 100 | (貸) 支 払 資 金 | 100 |

取引　⑤長期的な資金の借り入れ

長期的な施設運営資金として、銀行から100,000の借入を行い、本日普通預金口座に振り込まれた。なお、返済は翌月から5年間である。

⇒「普通預金（資産）の増加」／「長期運営資金借入金（負債）の増加」

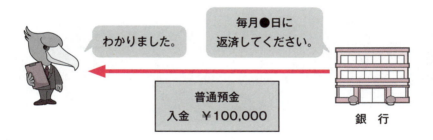

| (借) 現 金 預 金 | 100,000 | (貸) 長期運営資金借入金 | 100,000 |

資金仕訳

| (借) 支 払 資 金 | 100,000 | (貸) 長期運営資金借入金収入 | 100,000 |

　借入金や貸付金の処理については、「**短期**」か「**長期**」か、で資金仕訳（資金収支計算書への計上）の扱いが異なるので要注意です。
　「**短期**」の貸付金・借入金は支払資金（流動資産・流動負債）に含まれますので、貸付時または借入時および返済時について資金仕訳は不要です。

131

一方で、「**長期**」の貸付金、借入金は貸付または借入によって増減する現金預金のみが支払資金の対象であり、長期貸付金や長期借入金については支払資金に該当しません。したがって支払資金残高が変動しますので資金仕訳を行う必要があります。

※長期貸付金・長期借入金については決算において、翌会計期間中の返済分を「1年以内回収予定長期貸付金・1年以内返済予定長期運営資金借入金」に振替えます。

詳しくは「第9章　決算1　決算手続き」の章で学習します。

手付金や内金も忘れずに記録します

23 前払金と前受金

前払金・前受金とは

物品の購入代金の一部（内金、手付金など）やサービスなどの役務提供の対価を前もって支払った場合、「**前払金（資産**）」で処理します。

一方、物品の売却代金（内金、手付金など）やサービスなどの役務提供の対価の一部を前もって受け取った場合、「**前受金（負債**）」で処理します。

point

前払金 ⇒ 資産 ⇒ 増えたら借方、減ったら貸方に記入

前受金 ⇒ 負債 ⇒ 増えたら貸方、減ったら借方に記入

取引 物品購入のための代金の一部を支払ったとき

コピー用紙 5,000 分の注文をし、手付金として 1,000 を現金で支払った。

⇒「前払金（資産）の増加」／「現金（資産）の減少」

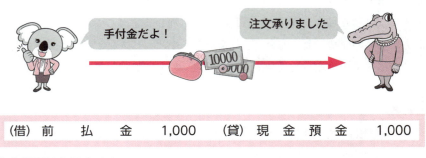

(借) 前 払 金	1,000	(貸) 現 金 預 金	1,000

資金仕訳はありません。

取引 物品が納品されたとき

　コピー用紙5,000が納品され、代金のうち1,000はすでに支払った手付金と相殺し、残額は後日支払うこととした。

⇒「事務消耗品費（費用）の増加」 ／ 「前払金（資産）の減少」
　　　　　　　　　　　　　　　　　「その他の未払金（負債）の増加」

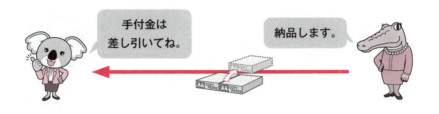

（借）事務消耗品費	5,000	（貸）前　　払　　金	1,000
		その他の未払金	4,000

資金仕訳

（借）事務消耗品費支出	5,000	（貸）支　払　資　金	5,000

| 取引 | 物品やサービス提供の代金を前もって受け取ったとき |

保育園で毎年行われる夏祭りイベントの参加費として保護者から 2,000 を現金で受け取った。

⇒「現金（資産）の増加」／「前受金（負債）の増加」

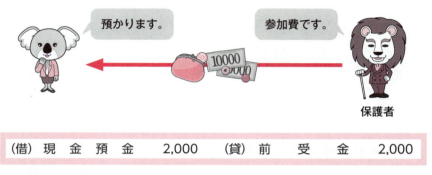

| （借）現　金　預　金　2,000 | （貸）前　受　金　2,000 |

資金仕訳はありません。

取引　物品を納品したとき・サービスの提供が終わったとき

保育園の夏祭りイベントが無事終了し、事前に受け取っていた参加費を収益に振り替えた。

⇒「**前受金（負債）の減少**」／「**保育事業収益（収益）の増加**」

| （借）前　受　金 | 2,000 | （貸）保育事業収益 | 2,000 |

資金仕訳

| （借）支　払　資　金 | 2,000 | （貸）保育事業収入 | 2,000 |

「とりあえず」を「仮」とします

24 仮払金と仮受金

仮払い・仮受けとは

　出張のさいの旅費など、いくらかかるのかが正確にわからない場合、概算額でお金を渡すことがあります。

　「とりあえず概算でお金を渡しておくこと」を仮払いといいます。仮払いをしたときは、「**仮払金（資産）**」で処理します。

　また、とりあえずお金を受け取ったものの、理由がわからない場合があります。これを仮受けといいます。仮受けがあったときは、「**仮受金（負債）**」で処理します。

　法人にとって現金や預金は最重要な管理項目なので、「とりあえず」で動かしたときにも必ず仕訳を行います。

point

仮払金 ⇒ 資産 ⇒ 増えたら借方、減ったら貸方に記入
仮受金 ⇒ 負債 ⇒ 増えたら貸方、減ったら借方に記入

取引　とりあえずお金を支払ったとき

従業員の出張に伴い、旅費交通費として概算額5,000を現金で渡した。
⇒「**仮払金（資産）の増加**」／「**現金（資産）の減少**」

| （借）仮　払　金 | 5,000 | （貸）現　金　預　金 | 5,000 |

資金仕訳はありません。

> **取引** 何にいくら使ったのか、わかった時

従業員が出張から戻り、概算払いしていた 5,000 の旅費交通費の精算を行い、残金 1,000 を現金で受け取った。

⇒「旅費交通費（費用）の増加」／「仮払金（資産）の減少」
　「現金（資産）の増加」

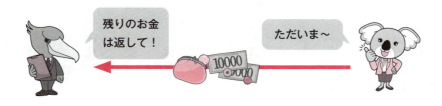

(借)	旅費交通費	4,000*	(貸)	仮払金	5,000
	現金預金	1,000			

＊ 5,000 － 1,000 ＝ 4,000

精算を行い、概算払いしていた内容と金額が確定したら、適切な勘定科目に振り替えます。

旅費交通費が 5,000 を超えて発生したときは、超過分を支払います。

資金仕訳

(借)	旅費交通費支出	4,000	(貸)	支払資金	4,000

概算払いした 5,000 のうち、実際に費用として計上される旅費交通費 4,000 についてのみ資金仕訳を行います。

取引　とりあえずお金を受け取ったとき

普通預金口座に 3,000 の振り込みがあったが内容は不明である。

⇒「普通預金（資産）の増加」／「仮受金（負債）の増加」

| (借) | 現 金 預 金 | 3,000 | (貸) | 仮 受 金 | 3,000 |

資金仕訳はありません。

取引　理由がわかったとき

上記の振込みは経常経費に対する寄附金であるということが判明した。

⇒「仮受金（負債）の減少」／「経常経費寄附金収益（収益）の増加」

| (借) | 仮 受 金 | 3,000 | (貸) | 経常経費寄附金収益 | 3,000 |

資金仕訳

| (借) | 支 払 資 金 | 3,000 | (貸) | 経常経費寄附金収入 | 3,000 |

代わりに払ったら「立替金」、預かったら「預り金」

25 立替金と預り金

立替金と預り金とは？

「他人が負担すべきお金を代わりに支払っておくこと」を立替払いといいます。お金を立替払いしたときは、「**立替金（資産**）」で処理します。

また、他人から預かっているお金を預り金といいます。お金を預かったときは、「**預り金（負債**）」で処理をします。

point

> **立替金 ⇒ 資産 ⇒ 増えたら借方、減ったら貸方に記入**
>
> **預り金 ⇒ 負債 ⇒ 増えたら貸方、減ったら借方に記入**

6
日常の会計処理3
その他の債権・債務

取引　お金を建て替えたとき

職員慰労会の代金として、職員負担分 5,000 について、現金で立替払いした。
⇒「立替金（資産）の増加」／「現金（資産）の減少」

| （借）立　替　金　　5,000 | （貸）現　金　預　金　　5,000 |

資金仕訳はありません。

取引　立て替えていたお金を返してもらったとき

先日立替払いをしていた慰労会の会費 5,000 を職員から現金で回収した。
⇒「現金（資産）の増加」／「立替金（資産）の減少」

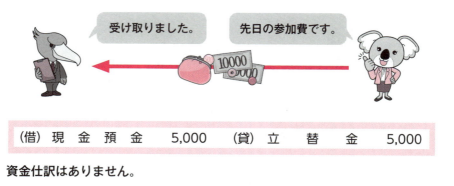

| （借）現　金　預　金　　5,000 | （貸）立　替　金　　5,000 |

資金仕訳はありません。

第6章 日常の会計処理3 その他の債権・債務

取引　お金を預かったとき

　職員研修のための講師を外部から招き、講師への謝礼 5,500 から源泉所得税 500 を差し引いた 5,000 を現金で支払った。

⇒「研修研究費（費用）の増加」　／「預り金（負債）の増加」
　　　　　　　　　　　　　　　　／「現金（資産）の減少」

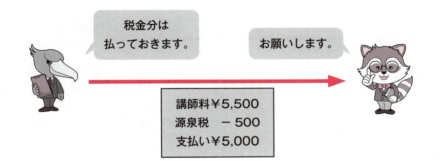

| （借）研究研修費 | 5,500 | （貸）預　り　金 | 500 |
| | | 現　金　預　金 | 5,000 |

資金仕訳

| （借）研修研究費支出 | 5,500 | （貸）支　払　資　金 | 5,500 |

取引　預かっていたお金を支払ったとき

先日預かっていた外部講師の源泉所得税 500 について、本日現金にて納付した。
⇒「預り金（負債）の減少」／「現金（資産）の減少」

| (借) 預 り 金 | 500 | (貸) 現 金 預 金 | 500 |

資金仕訳はありません。

　法人内部の職員から預かる所得税などは「職員預り金」として、法人外部の方の預り金とは区別をしています。

日常の会計処理 3　その他の債権・債務

確認テスト

答え：P.225

❶　次の取引を仕訳しなさい。なお、勘定科目は語群から選択する。

語群：現金預金　事業未収金　事業未払金　その他の未払金
　　　器具及び備品　短期運営資金借入金　支払利息　仮払金
　　　研修研究費　仮受金　児童福祉事業収益　預り金

（1）　介護保険事業に係る利用者からの未収分 31 が普通預金に入金された。

第 10 回出題

（2）　前月末に未払い計上していた給食費 3,612 を普通預金から支払った。

第 11 回出題

（3）　期末にパソコン（固定資産）245 を購入した。支払いは来期の予定である。

第 14 回出題

（4）　短期運営資金借入金 3,200 を利息 95 とともに普通預金から返済した。

第 11 回出題

（5）　職員に仮払いした 30 につき、研修参加費 18 とその旅費 6 の領収書とともに、残額の返金を受けた。

第 10 回出題

（6）　普通預金に入金された際、内容が不明のため仮受金としていた 120 が、児童福祉事業に係る利用者の利用料であることが判明したので、振替処理を行った。

第 12 回出題

6
日常の会計処理 3
その他の債権・債務

145

（7） 職員に仮払金として現金を 30 渡した。

第 15 回改題

（8） 職員研修のための講師を外部から招き、講師謝礼 55 から源泉所得税
5 をさしひいた 50 を現金で支払った。

（過去出題なし）

答案用紙

	借方科目	金額	貸方科目	金額
（1）				
（2）				
（3）				
（4）				
（5）				
（6）				
（7）				
（8）				

第6章　日常の会計処理3　その他の債権・債務

❷　次の空欄に当てはまる適切な語句を記入しなさい。

（1）　事業未払金に計上されている給食材料の代金を支払ったときの仕訳
　　　は、（　　　　　　　　　）と資産の減少として表される。

第13回出題

（2）　預金口座に振り込まれたものの内容が不明であるときは、（　　　　）
　　　の勘定科目で処理しておき、後日内容が判明したときに適切な勘定科
　　　目に振り替える。

第12回出題

（3）　処理すべき科目が確定しない出金を一時的に処理する科目は（　　　）
　　　である。

第13回出題

6
日常の会計処理3
その他の債権・債務

147

> **Column**
> **福祉のDX化は進む？**

　最近「DX」という言葉をよく耳にします。「デジタルトランスフォーメーション」を略した表記として使われていますが、デジタル技術を活用して職場を働きやすくしようといった動きは、福祉の現場でも必要不可欠だと感じます。

　実際に私の孫が通っている保育園では最近、保護者との連絡ツールとしてアプリを導入しました。アプリの導入によって、保育士の皆さんだけではなく、保護者の皆さんも朝の忙しい時間に連絡帳にあれこれ記入する必要もなく助かっているのではないかと思うのです。（私は朝の連絡帳記入がとても大変だった記憶があります……）

　また、園で過ごす子供達の様子が写真付きでアプリにアップされるので、今では毎日アプリを見るのがとても楽しみになっています。

　このように福祉の現場にも徐々にデジタル技術が導入され、職員さんと利用者さん、利用者のご家族の皆さんとのコミュニケーションが容易に取れるようになっていくって、素晴らしいことですね！

連絡帳
お友達と仲良く遊びました！

第7章

固定資産の会計処理

㉖ 固定資産
㉗ 減価償却

10万円のスマートフォンを悩むことなく、気軽に買うことができますか？

一般的に10万円は安いと思える金額ではないため、「これは10万円の価値がある」と確固たる気持ちを持たないと買えないですよね。

このように資産の中でも、金額が高くて、1年以上使用するものを固定資産といいます。

次に、この10万円のスマートフォンは2年使うと価値がなくなるとすると、1年あたりいくらずつ価値が減っていきますか？10万÷2年で5万円ですよね。

簿記では、この5万円を、毎年、減価償却費として費用に計上し、2年後にはスマートフォンの価値が0になるように処理します。

これは、買った時点で10万円の全額が費用とならないように、一旦、固定資産として計上することで、使用する2年間で毎年5万円ずつを固定資産から費用に振り替えているのです。

この固定資産の取得原価を使用する期間にわたって費用配分することがとても重要になります。

長きにわたり使います

26 固定資産

固定資産とは？

固定資産とは、取得原価が10万円以上で、かつ、1年以上にわたって使用するための資産です。

例をあげると、建物、器具及び備品、車輌運搬具、土地、ソフトウェアなどが該当します。

取得原価が10万円以上というのは、取引1単位当たりの価額で判定します。

例えば、9万円のパソコンを5台購入して、45万円かかっても固定資産にはなりません。

建物

土地

車輌運搬具

器具及び備品

ソフトウェア

コンピュータを機能させるためのプログラムを「ソフトウェア」といいます。

使用する勘定科目を間違えないように注意しましょう。
特に車輌運搬具の「輌」。

固定資産の仕訳

固定資産の仕訳は、**①購入時**、**②期末（決算）**、**③売却時**、**④廃棄時**に行います。固定資産は資産なので、**増えたら借方、減ったら貸方**に記入します。

> **point**
>
> 固定資産 ⇒ 増えたら借方、減ったら貸方に記入

取引 ①購入時

施設用の建物 480,000 を購入し、代金は不動産業者への仲介手数料 20,000 とともに小切手を振り出して支払った。

⇒「**建物（資産）の増加**」／「**当座預金（資産）の減少**」

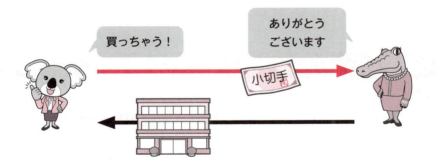

(借) 建 物	500,000*	(貸) 現 金 預 金	500,000

＊ 480,000 ＋ 20,000 ＝ 500,000

資金仕訳

(借) 建物取得支出	500,000	(貸) 支 払 資 金	500,000

固定資産の金額〔＝**取得原価**〕は、固定資産そのものの価格〔＝**購入代価**〕に、購入にあたり支払った**仲介手数料、運搬費、据付費**など〔＝**付随費用**〕を加えた金額となります。

　固定資産として使用できるようにするために必要な費用は取得原価に含めます。

超 重要

固定資産の取得原価 ＝ 購入代価 ＋ 付随費用

　1台98,000円のパソコンを10台購入し、運搬費と据付費5万円を支払った場合、合計103万円となります。そのため、1台当たり10万円以上となり、固定資産となります。

補助金を受け取る場合とは

　施設を建設するさいや施設で使用する車輌運搬具を購入するさいに、国または地方公共団体等から補助金を受け取ることがあります。補助金を交付する目的は、次の2つです。

①**施設建設のための国庫補助金等**

　建設する**前に**国庫補助金等の交付を受けます。

②**施設建設のための借入金の返済のための国庫補助金等**

　施設が完成した**後に**、少しずつ借入金を返済するときに国庫補助金等の交付を受けます。

　ポイントは、**国庫補助金等の交付を受けた時期**が、建設の前なのか後なのかの違いになります。
　なお、3級では①施設建設のための補助金等のみ学習します。

第7章 固定資産の会計処理

取引　国庫補助金等の交付を受けた時

新たな施設の建設に対し、補助金100,000の交付が決定し、当座預金に入金された。

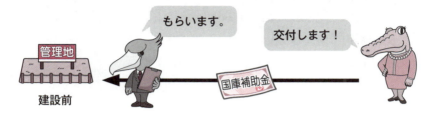

| (借) | 現　金　預　金 | 100,000 | (貸) | 施設整備等補助金収益 | 100,000 |

資金仕訳

| (借) | 支　払　資　金 | 100,000 | (貸) | 施設設備等補助金収入 | 100,000 |

補助金の交付を受けるとともに、国庫補助金等特別積立金を積み立てることが必要です。詳しくは次の「第8章　純資産の会計処理」で学習します。

固定資産の価値減少分を費用化します

27 減価償却

減価償却とは？

例えば500,000円で購入した固定資産は、購入時には500,000円の価値がありますが、**使用や時の経過により、価値が下がっていきます**。

建物や車が老朽化することをイメージしましょう。

そのため、「**使用や時の経過により、価値が下がっていく固定資産**」に対して、その価値の減少分を**費用として計上**します。
この「**価値の減少分を費用として計上する手続き**」を**減価償却**（げんかしょうきゃく）といいます。

固定資産のなかでも、「土地」は使用しても価値が下がらないので、減価償却は行いません。

point

減価償却 … 固定資産の価値の減少分を費用として計上（償却）する手続き

減価償却のポイント

取得原価：固定資産の**取得にかかった金額**であり、減価償却を行うベースになります。
耐用年数：固定資産の**使用可能期間**のことです。
残存価額：減価償却をすべて行った後の、固定資産の**処分価値**のことです。
要償却額：取得原価から残存価額を差し引いた、**耐用年数期間に償却する金額**のことです。

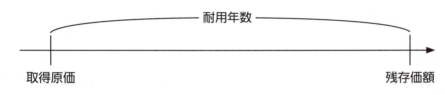

残存価額の「あり」、「なし」をしっかり確認しましょう。

減価償却の方法

3級で学習する減価償却の方法は、**定額法**です。
定額法とは、会計期間ごとの減価償却費が同額になる方法です。
減価償却を行ったときは、「**減価償却費**（費用）」で処理します。

超 重要

減価償却費 ＝ 要償却額 × 年償却率＊

＊年償却率 ＝ $\dfrac{1}{\text{耐用年数}}$

試験では、耐用年数、残存価額、年償却率が資料として問題文に与えられます。
　また、実務では、国税庁が公表している償却率表の償却率を使って計算します。

取引　減価償却費の計算（残存価額あり）

　建物（取得原価 500,000）について、残存価額は取得原価の 10％、耐用年数は 25 年として、定額法により減価償却を行った場合の減価償却費の金額を求めなさい。なお、年償却率は 0.04 である。

⇒取得原価：500,000　耐用年数：25 年　残存価額：50,000（＝ 500,000 × 10％）

減価償却費：（500,000 － 50,000）× 0.04 ＝ 18,000

　「要償却額」に年の償却率を掛けることによって、1 年あたりの減価償却費を計算します。

第7章 固定資産の会計処理

取引 減価償却費の計算（残存価額なし）

　建物（取得原価 500,000）について、残存価額はゼロ、耐用年数は 25 年として、定額法により減価償却を行った場合の減価償却費の金額を求めなさい。なお、年償却率は 0.04 である。

⇒取得原価：500,000　耐用年数：25 年　残存価額：ゼロ

処分価値なし…

減価償却費：500,000 × 0.04 = 20,000

　試験では、残存価額ゼロで出題される可能性が高いので、この後は「残存価額ゼロ」を前提として説明していきます。

減価償却の仕訳

　減価償却の仕訳は、「**減価償却費（費用）**」を計上するとともに、「**建物（資産）**」を貸方に同額、計上することによって、直接的に減少させます。そのため、この処理方法を直接法といいます。

建物だけでなく、他の固定資産も同様です。
固定資産の金額を直接減らします。

超 重要

減価償却費の相手勘定科目は、「建物（資産）」などの固定資産

point

減価償却

（借）減 価 償 却 費　　××　　（貸）○ ○ ○ ○　　　××

○○○○は固定資産の名称を入れます。

超 重要

減価償却費は支出を伴わない費用です。
したがって、資金収支計算書には計上されません。

第7章 固定資産の会計処理

> **取引** 期末（決算）時

建物（取得原価 500,000）について、残存価額はゼロ、耐用年数は25年として、定額法により減価償却を行う。なお、年償却率は 0.04 である。

⇒「減価償却費（費用）の増加」／「建物（資産）の減少」

直接的に減少

| （借）減価償却費 20,000 * | （貸）建　　　物 20,000 |

　＊ 500,000 × 0.04 = 20,000

資金仕訳はありません。

「建物（資産）」の帳簿残高は、480,000（= 500,000 − 20,000）になります。

固定資産を売却したとき

所有している固定資産を、耐用年数が到来する前に売却することがあります。固定資産を売却する場合、帳簿上、売却した固定資産の帳簿価額を減少させます。

売却価額と売却時点での帳簿価額との差額が売却損益となります。

取引 売却時（期首）

期首に、建物（帳簿価額 100,000）を 80,000 で売却し、代金は現金で受け取った。
⇒「現金（資産）の増加」／「建物（資産）の減少」
　「固定資産売却損・処分損（費用）の増加」

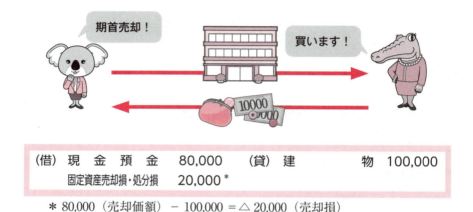

（借）現金預金	80,000	（貸）建物	100,000
固定資産売却損・処分損	20,000 *		

＊ 80,000（売却価額）－ 100,000 ＝△20,000（売却損）

資金仕訳

（借）支払資金	80,000	（貸）固定資産売却収入	80,000

「売却価額－帳簿価額」がプラスになった場合、差額を「固定資産売却益（収益）」で処理します。

「売却価額－帳簿価額」がマイナスになった場合、差額を「固定資産売却損・処分損（費用）」で処理します。

超 重要

売却時に変動する支払資金は売却代金の 80,000 です。
したがって資金収支計算書に計上される金額も売却代金の 80,000 となり、固定資産売却損・処分損 20,000 については、事業活動計算書のみに計上されることとなります。

第7章 固定資産の会計処理

期中に購入または売却した場合の減価償却費の計上など、簿記では、基本的に月割計算します。月割計算は1カ月のうち、1日でも使っていれば1カ月分として計算します。

固定資産を廃棄したとき

所有している固定資産を、耐用年数が到来する前に廃棄することがあります。固定資産を廃棄する場合、帳簿上、廃棄した固定資産の金額を減少させます。

取引　廃棄したとき

帳簿価額 150,000 の器具及び備品を廃棄した。今期の減価償却費は考慮しなくてよい。

⇒「固定資産売却損・処分損（費用）の増加」／「器具及び備品（資産）の減少」

| （借）固定資産売却損・処分損　150,000 | （貸）器具及び備品　150,000 |

資金仕訳はありません。

固定資産の帳簿価額を「固定資産売却損・処分損（費用）」で処理します。

超 重要

固定資産売却損・処分損は、支払資金に影響はしません。
したがって、資金収支計算書へは計上されず、事業活動計算書のみに計上されることとなります。

固定資産の会計処理
確認テスト

答え：P.227

❶ **次の文章の空欄にあてはまる正しい金額を記入しなさい。**

（1） 会計基準には、支払資金として流動資産と流動負債とが定義されている。ただし、1年基準により（　　　　　　　）又は固定負債から振り替えられた流動資産・流動負債、引当金並びに棚卸資産（貯蔵品を除く）を除くこととされている。

（2） 令和2年1月10日に業務用のパソコンを 168,000 で購入し、7,200 の設定費用とともに支払い、納入を受けた。このパソコンの取得価額は（　　　　　　　）であり、令和元年度の定額法による減価償却費は（　　　　　　　）である。ただし、減価償却の計算に際しては、残存価額をゼロ、耐用年数を4年（償却率 0.250）とする。

第 15 回出題

第7章　固定資産の会計処理

❷ 次の取引について仕訳をしなさい。なお、勘定科目は語群から選ぶこと。

語群：現金預金　建物　車輌運搬具　器具及び備品　ソフトウェア
　　　固定資産売却益　減価償却費　固定資産売却損・処分損

（1）　利用者送迎用の車輌（固定資産）を 3,632 で購入して、代金は普通
預金から振り込んだ。

第 10 回出題

（2）　帳簿価額 80 のパソコンについて、40 の減価償却費を計上した。

第 11 回出題

（3）　ソフトウェア（固定資産）1,600 を購入し、小切手を振り出して支払っ
た。

第 11 回出題

（4）　帳簿価額 8,950 の建物について、197 の減価償却費を計上した。

第 14 回出題

（5）　帳簿価額 430 の送迎用バスを 300 で売却し、普通預金に入金された。

第 14 回出題

（6）　帳簿価額 16 の器具及び備品を廃棄した。当期の減価償却費は考慮し
なくてよい。

第 14 回出題

7
固定資産の会計処理

答案用紙

	借方科目	金額	貸方科目	金額
(1)				
(2)				
(3)				
(4)				
(5)				
(6)				

❸ 次の取引につき、資金収支計算書・事業活動計算書のそれぞれに計上されるもの、計上されないものがある。計上されるものには〇、計上されないものには×を記入しなさい。

No	取引の内容	計上される計算書類	
		資金収支計算書	事業活動計算書
①	業務用の洗濯機（固定資産）が壊れたので廃棄した。　　第10回出題		
②	建物の減価償却費を計上した。　　第10回出題		
③	決算に際して建物の減価償却を行った。　　第11回出題		
④	コピー機（固定資産）を購入し、小切手を振り出した。　　第11回出題		
⑤	給与計算ソフト（固定資産）を現金で購入した。　　第12回出題		
⑥	パソコン（固定資産）が壊れたので廃棄した。　　第13回出題		
⑦	車輌（固定資産）を現金で購入した。　　第13回出題		
⑧	冷蔵庫（固定資産）を購入し、代金を支払った。　　第14回出題		
⑨	車輌運搬具に計上していた利用者送迎車を廃車にした。　　第15回出題		
⑩	エアコン（固定資産）を購入し、代金を支払った。　　第15回出題		

第 **8** 章

純資産の会計処理

㉘ 基本金
㉙ 国庫補助金等特別積立金
㉚ その他の積立金

　　純資産とは、資産と負債の差額でしたね。そして、同じ貸方の負債との違いは、負債は返済が必要な他人資金であるのに対して、純資産は返済が不要な自己資金であるということです。

　　この純資産の会計処理では、社会福祉法人の基礎となる資金、特定の目的のために使う資金（積立金）、自由に使える資金をしっかりと区別して管理していきます。

　　例えば、お使いを頼まれて 500 円もらったのに、途中でお腹が空いたので、そのお金でラーメンを食べてしまったら大変なことになりますよね。

　　特定の目的のためにもらった資金は、他の目的に使われないようにしっかりと管理した上で、特定の目的にきちんと使われたことを報告する義務があるのです。

社会に役立てて欲しいという思いです

28 基本金

基本金とは

基本金は、社会福祉法人に対する世の中からの出資のようなもの、と考えることができます。いわば、**社会からの社会福祉法人に対する元入金**です。

基本金は一般企業の資本金に該当しますが、その取崩しについては一般企業よりもかなり厳しく規制されています。

基本金には、福祉施設の経営基盤を整える目的で、次の3つの寄附金の額を純資産の部に計上することになっています。

①新たな施設建設のための寄附金
　増築を含み、建替えを含みません。建設前に受け取った寄附金。
②新たな施設建設のための借入金の返済のための寄附金
　建設後に受け取った寄附金。
③新たな施設運営のための運転資金に充てるための寄附金

なお、3級では①新たな施設建設のための寄附金と、③新たな施設運営のための運転資金に充てるための寄附金を学習します。

「新たな施設建設」とは、新しい建物を建設する事であり、現状の建物が老朽化した場合の建て替えは「新たな施設建設」には該当しないので、「新たな施設建設のための寄附金」の用途としては認められません。

第8章 純資産の会計処理

基本金の仕訳

　受け取った寄附金は、**施設整備等寄附金収益**として、いったん事業活動計算書の**収益**として計上し、その後、その金額を**基本金組入額**として**費用**に計上します。

　　　直接基本金を増加させることはしませんので注意しましょう。

取引　基本金の仕訳

　施設増築用の基本財産を取得するために指定された寄附金 200,000 が普通預金口座に振り込まれた。

⇒「普通預金（資産）の増加」／「施設整備等寄附金収益（資産）の増加」

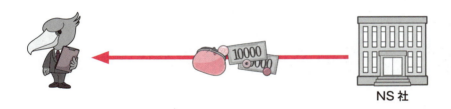

（借）現　金　預　金	200,000	（貸）施設整備等寄附金収益	200,000

資金仕訳

（借）支　払　資　金	200,000	（貸）施設整備等寄附金収入	200,000

取引　基本金の仕訳

受け取った寄附金 200,000 について基本金に組み入れた。

⇒「**基本金組入額（費用）**」／「**基本金（純資産）**」

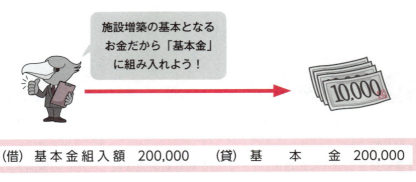

（借）基本金組入額　200,000　　（貸）基　本　金　200,000

資金仕訳はありません。

国または地方公共団体等からの援助です

29 国庫補助金等特別積立金

国庫補助金等特別積立金とは

　第7章でもふれていますが、施設を建設するさいや施設で使用する車輌運搬具などの固定資産を購入するさいに、**国または地方公共団体等から補助金、助成金を**受け取ることがあります。これには次の2つの場合があり、いずれも、**純資産の部に計上**することになっています。

①施設建設のための国庫補助金等
　新築・増築に限らず**建替えを含みます**。建設**前**に国庫補助金等の交付を受けます。

②施設建設のための借入金の返済のための国庫補助金等
　建設**後**に、少しずつ借入金を返済する時に国庫補助金等の交付を受けます。

　なお、3級では①の施設建設のための国庫補助金等について学習します。

国または地方公共団体等からの補助金、助成金は建替えもOKです。
また、固定資産の取得のさいに交付を受けることもあります。

8 純資産の会計処理

169

国庫補助金等特別積立金の仕訳

　交付を受けた国庫補助金等の会計処理は、**施設整備等補助金収益**で、いったん事業活動計算書の**収益**として計上し、その後、その金額を国庫補助金等特別積立金積立額として**費用**に計上します。

　　基本金と同様に、直接国庫補助金等特別積立金を増加させることはしませんので注意しましょう。

取引　国庫補助金等特別積立金の仕訳

　施設増築用の基本財産を取得するための補助金200,000が普通預金口座に振り込まれた。

⇒「**普通預金（資産）の増加**」／「**施設整備等補助金収益（収益）の増加**」

（借）現　金　預　金　200,000	（貸）施設整備等補助金収益　200,000

資金仕訳

（借）支　払　資　金　200,000	（貸）施設整備等補助金収入　200,000

第8章 純資産の会計処理

取引 国庫補助金等特別積立金の仕訳

交付を受けた国庫補助金200,000について国庫補助金等特別積立金に積み立てた。
⇒「国庫補助金等特別積立金積立額（費用）」／「国庫補助金等特別積立金（純資産）」

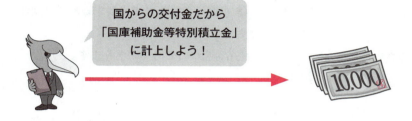

| （借） | 国庫補助金等特別積立金積立額 | 200,000 | （貸） | 国庫補助金等特別積立金 | 200,000 |

資金仕訳はありません。

30 その他の積立金

将来の特定の目的の費用や損失の発生に備えます

その他の積立金とは

　その他の積立金とは、将来の特定の目的の費用又は損失の発生に備えるため、社会福祉法人が**理事会の決議**に基づき事業活動計算書の当期末繰越活動増減差額から計上することができる積立金です。
　そのさいは、積立ての目的を示す名称をつける必要があります。

　あくまでも当期末繰越活動増減差額がプラスでないと、積立てることはできません。つまり、財政状態が良好なときにしかできないのです。

その他の積立金の仕訳

その他の積立金の会計処理は、特定の目的に必要な積立て金額を○○**積立金積立額**として**費用**に計上します。

なお、その他の積立金を積立てたときには、必ず同額の積立資産を計上しなくてはなりませんが、積立資金の処理については会計1級で学習します。

取引　その他の積立金（施設設備等積立金）の仕訳

決算理事会において、建物の改修のため、施設整備等積立金 50,000 の積立てを決議した。

⇒「施設整備等積立金積立額 (費用) の増加」／「施設整備等積立金 (純資産) の増加」

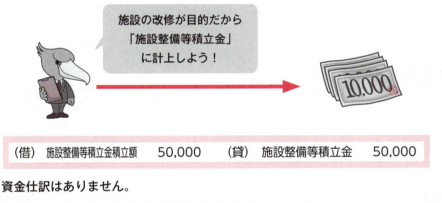

| （借） | 施設整備等積立金積立額 | 50,000 | （貸） | 施設整備等積立金 | 50,000 |

資金仕訳はありません。

純資産の会計処理
確認テスト

答え：P.230

❶ 次の文章の空欄にあてはまる適切な語句を記入しなさい。

（1） 貸借対照表の純資産は、（　　　　　　　）、国庫補助金等特別積立金、その他の積立金、次期繰越活動増減差額に区分する。

第 11 回出題

❷ 次の取引について仕訳をしなさい。なお、勘定科目は語群から選択する。

語群：現金預金　車輌運搬具　器具及び備品　施設整備等補助金収益
　　　国庫補助金等特別積立金積立額　国庫補助金等特別積立金

（1） 送迎用車輌の購入に対し、補助金 1,000 の交付が決定し、普通預金に入金された。同時に、国庫補助金等特別積立金を積み立てる会計処理も行った。

第 15 回出題

答案用紙

	借方科目	金額	貸方科目	金額
（1）				

❸ 次の取引につき、資金収支計算書・事業活動計算書のそれぞれに計上されるもの、計上されないものがある。計上されるものには〇、計上されないものには×を記入しなさい。

No	取引の内容	計上される財務諸表	
		資金収支計算書	事業活動計算書
①	国庫補助金等特別積立金を積み立てた。　　第 12・14 回出題		

第9章

決算1　決算手続き

- ㉛ 決算手続き
- ㉜ 試算表の作成
- ㉝ 決算整理事項

> 　決算になると、「正しい当期活動増減差額」を算定する必要があります。
> 　正しい当期活動増減差額を算定するためには、「正しい当期収益」と「正しい当期費用」の算定が必要になります。
> 　したがって、すでに計上してあるものでも「これは本当に当期のものですか？」と、問いかけなければなりませんし、未計上のものであっても「当期の収益や費用になるものはないですか？」と探して、あれば計上しなければなりません。
>
> 　この作業が決算整理です。
> 　完璧にマスターしておきましょう！

当期の収益になるもの、当期の費用になるものに着目しましょう。

31 決算手続き

1年間の総まとめです

決算とは？

決算とは、期末（決算日）において、社会福祉法人の「**決算日における財産の状況**」を表す**貸借対照表**と「**当期の純資産の増減**」を明らかにする**事業活動計算書**、「**当期の支払資金の増減**」を表す**資金収支計算書**を作成する一連の手続きのことをいいます。

貸借対照表や事業活動計算書、資金収支計算書を総称して計算書類といいます。

point

財政状況を示す　　　　　⇒ 貸借対照表　　　⎫
当期の純資産の増減を示す　⇒ 事業活動計算書　⎬ 計算書類
支払資金の増減を示す　　　⇒ 資金収支計算書　⎭

決算手続きの一連の流れ

決算手続きは「**各勘定残高の計算**」「**決算整理**」「**計算書類の作成**」の順で行います。

決算手続きの一連の流れを頭の中でイメージできるようにしておきましょう。

計算書類作成の準備　第1弾

32 試算表の作成

試算表の作成

　期中の取引はすべて総勘定元帳に転記してきました。決算では、まず各勘定口座の残高を計算し、試算表を作成します。

　試算表とは、期中の取引が正しく元帳に転記されているかを検証するための一覧表です。

Step 1　各勘定の期末残高の計算

　　　　総勘定元帳は借方合計と貸方合計の差額である残高を「**期末残高**」として記入し、借方と貸方の合計が一致していることを確認します。

現　金　預　金

3/1		60	3/27	250
3	780	400	28　480	230
25		320	期末残高	300
借方合計		780	貸方合計	780

事　業　未　収　金

3/1	140	3/25	320
22	300	期末残高	120
借方合計	440	貸方合計	440

建　　　　物

3/1	300	期末残高	300
借方合計	300	貸方合計	300

事　業　未　払　金

3/9	50	3/1	400
28	230	8	200
期末残高	320		
借方合計	600	貸方合計	600

基　本　金

期末残高	100	3/1	100
借方合計	100	貸方合計	100

○○事業収益

期末残高	700	3/3	400
		22	300
借方合計	700	貸方合計	700

事　業　費

3/8	200	3/9	50
27	250	期末残高	400
借方合計	450	貸方合計	450

第9章 決算1 決算手続き

Step 2　決算整理前試算表の作成
　　　　各勘定の「**期末残高**」を試算表に記入していきます。

決算整理前試算表

科　目	借方残高	貸方残高
現金預金	300	
事業未収金	120	
建物	300	
事業未払金		320
基本金		100
○○事業収益		700
事業費	400	
合計	1,120	1,120

貸借の合計が一致！
期中の転記は正しい！！

超 重要

「残高」の考え方
　元帳に記入された借方の合計金額と貸方の合計金額の差額を「**残高**」といいます。
　Step 1 の現金預金勘定を例にすると
　　借方合計 780 －貸方合計 480 ＝借方残高 300
ということになります。

point

　　借方合計 ＞ 貸方合計 ⇒ 借方残高
　　借方合計 ＜ 貸方合計 ⇒ 貸方残高

計算書類作成の準備　第2弾
33 決算整理事項

決算整理とは

　当期における社会福祉法人の状況を正しく示すために、決算において行う処理を「決算整理事項」といい、この決算整理を行うための仕訳を「決算整理仕訳」といいます。

　3級で学習する主な決算整理事項は
- 誤処理の訂正
- 引当金の計上
- 1年基準による振替え処理
- 減価償却の処理（第7章で学習済み）

などがあります。

誤処理の訂正

　試算表を作成した結果、先月に行った取引の仕訳が誤っていたことが判明したとしましょう。誤った仕訳を正しい仕訳にするには、どうすればいいのでしょうか？

　帳簿上、仕訳を単純に消去すると粉飾していると思われる可能性があります。

　誤った仕訳を単純に消去するのではなく、誤った仕訳を帳簿上、残したまま、正しい仕訳にするために訂正仕訳を行います。

> **point**
> 訂正仕訳 … 誤った仕訳を、正しい仕訳にするために行う仕訳

取引　訂正仕訳（金額の訂正）

当座預金から支払った事業未払金3,000が、誤って2,000と記帳されていたことが判明したので、訂正する。

しまった3,000だった…

| (借) 事　業　未　払　金 | 1,000 | (貸) 現　金　預　金 | 1,000 |

資金仕訳はありません。

超重要

訂正仕訳の作り方　　①誤った仕訳の貸借逆の仕訳
　　　　　　　　＋）②正しい仕訳
　　　　　　　　　　③訂正仕訳（①＋②）

まず、誤った仕訳を考えます。

誤った仕訳

| (借) 事　業　未　払　金 | 2,000 | (貸) 現　金　預　金 | 2,000 |

①誤った仕訳の貸借逆の仕訳を行います

| (借) 現　金　預　金 | 2,000 | (貸) 事　業　未　払　金 | 2,000 |

＋

②正しい仕訳を行います

| (借) 事　業　未　払　金 | 3,000 | (貸) 現　金　預　金 | 3,000 |

①の仕訳に②の仕訳を加えると、現金預金は貸方で1,000残り、事業未払金は借方で1,000残ります。

⇩

③訂正仕訳

| (借) 事業未払金 | 1,000 | (貸) 現　金　預　金 | 1,000 |

訂正仕訳を行うことにより、帳簿上、正しい仕訳となります。

O地点からA地点に行きたかったのに、間違えてB地点に行ってしまったら…
①まず、B地点からO地点に戻り
②新たにO地点からA地点に行けば確実ですよね

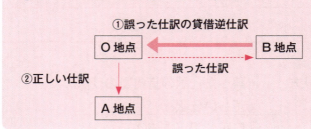

引当金の計上

引当金とは、「次期以降に支払い（収入の減少）が生じるものの、その原因が当期にあるので、当期の費用として計上しておこう」というものです。

引当金には
・徴収不能引当金
・賞与引当金
・退職給付引当金

などがあります。

徴収不能額とは？

事業未収金（利用者負担金などの代金）が徴収できなくなることを**徴収不能**といい、その額を**徴収不能額**といいます。

当期に発生した利用者負担金などの当期徴収不能額

当期に利用者負担金などの事業未収金が発生したということは、当期に事業収益を計上していることを意味します。

| （借）事業未収金 | 10,000 | （貸）○○事業収益 | 10,000 |

この事業未収金が当期に徴収できなくなると、事業未収金を減らすとともに「**徴収不能額（費用）**」を計上します。

当期に上げた収益に起因して徴収不能額が起こっているので、徴収不能額は当期の収益に対応する費用です。

取引　当期発生・徴収不能額は？

当期に発生した事業未収金のうち、150 が徴収不能となった。
⇒「**徴収不能額（費用）**の増加」／「**事業未収金（資産）**の減少」

| （借）徴収不能額 | 150 | （貸）事業未収金 | 150 |

資金仕訳

| （借）徴収不能額 | 150 | （貸）支払資金 | 150 |

> **point**
>
> 徴収不能額 ⇒ 費用 ⇒ 増えたら借方、減ったら貸方の記入

当期に計上した収益と当期の徴収不能額による費用が1つの会計期間で対応しているので、この処理でOK！

前期に発生した事業未収金などが、当期に徴収不能となったら

前期に発生した事業未収金が当期になってから徴収不能となると、収益（〇〇事業収益）は前期に計上され、費用（徴収不能額）は当期に計上されることになってしまいます。

前期

| (借) | 事 業 未 収 金 | 10,000 | (貸) | 〇〇事業収益 | 10,000 |

決算

	事業活動計算書	
	〇〇事業収益	10,000

当期

| (借) | 徴 収 不 能 額 | 10,000 | (貸) | 事 業 未 収 金 | 10,000 |

これでは、収益と費用が対応していません。
また、間に決算が入っているので、前期の利益が確定しているため修正もできません。

徴収不能引当金繰入と徴収不能引当金

決算にあたり、翌期の徴収不能に備えて、徴収不能が予想される金額を見積り「**徴収不能引当金（資産のマイナス）**」を設定するとともに、その費用として、「**徴収不能引当金繰入（費用）**」を計上します。

しかし、実際に徴収不能となったわけではないため、事業未収金などを直接減らすのではなく、「**徴収不能引当金（資産のマイナス）**」を用いて、間接的に控除します。

徴収不能引当金は、流動資産の部の控除項目として記載します。

徴収不能引当金の設定

徴収不能引当金を設定するさい、徴収不能見積額は、次のように計算します。

超 重要

徴収不能見積額＝事業未収金などの債権の期末残高×徴収不能実績率

| 取引 | 徴収不能引当金の設定 |

決算につき、事業未収金の期末残高に対して、2％の徴収不能を見積もる。なお、事業未収金の期末残高は 10,000 である。

⇒「徴収不能引当金繰入（費用）の増加」／「徴収不能引当金（資産のマイナス）の増加」

徴収不能を見積もって費用にしておけば安心

誰が徴収不能になるかわからないから直接には減らせない

| （借）徴収不能引当金繰入 | 200* | （貸）徴収不能引当金 | 200 |

＊ 10,000 × 2％ ＝ 200

資金仕訳はありません。

| point |

徴収不能引当金 ⇒ 資産のマイナス
　　　　　　　⇒ 増えたら貸方、減ったら借方に記入
徴収不能引当金繰入 ⇒ 費用の増加
　　　　　　　　　　増えたら借方、減ったら貸方に記入

| 超 | 重要 |

引当金は資金の範囲に含まれていないため、資金収支計算書に計上しません。

賞与引当金

職員に対して次期に支給する賞与のうち、当期負担分については引当金を設定し、「**賞与引当金**（流動負債）」として計上します。

また、決算時に賞与引当金の当期繰入額を「**賞与引当金繰入**（費用）」で処理します。

例えば、6月に賞与が支給されるとしましょう。支給は6月ですが、賞与の算定期間は通常12月から翌年の5月となります。

この場合、算定期間中に決算が入りますので、算定期間のうち12月から3月（決算日）までの期間は当期の費用として計上することになります。

				決算			
12月	1月	2月	3月		4月	5月	6月
当期の費用（引当金として計上）					翌期の費用		支給

支給されるのは翌期だけど、当期の勤務に対する賞与だから当期の費用として計上しておくのですね。

取引 賞与引当金（決算時）

決算において、次期に支給予定の賞与 12,000 のうち当期負担分 10,000 を引当金として設定した。

⇒「**賞与引当金繰入（費用）の増加**」／「**賞与引当金（負債）の増加**」

| （借）賞与引当金繰入 | 10,000 | （貸）賞与引当金 | 10,000 |

資金仕訳はありません。

徴収不能引当金は資産のマイナス項目でしたが、賞与引当金は、**流動負債**です。

第9章 決算1　決算手続き

退職給付引当金

　退職金は従業員が入社してから退職するまで、働いたことに対する報酬として支払うものなので、退職時に一括して費用とするのは、適切ではありません。
　当期に従業員が働いたことに対して、次期以降に生じると予想される退職金の支払いに備えて引当金を設定し、「**退職給付引当金**（**固定負債**）」で処理します。
　決算時に退職給付引当金の当期繰入額は、「**退職給付費用**（**費用**）」で処理します。

取引　退職給付引当金（決算時）

決算において、退職給付引当金 800,000 を繰り入れた。
⇒「**退職給付費用**（**費用**）の増加」／「**退職給付引当金**（**負債**）の増加」

（借）退職給付費用	800,000	（貸）退職給付引当金	800,000

資金仕訳はありません。

退職給付引当金繰入ではなく、退職給付**費用**となるので注意！
また、退職給付引当金は、**固定負債**であることを覚えておきましょう！

point

＜引当金の B/S の区分＞
徴収不能引当金 ⇒ **流動資産のマイナス**
賞　与　引　当　金 ⇒ **流動負債**
退職給付引当金 ⇒ **固定負債**

1年基準による振替処理

　設備資金借入金や長期未払金など、その返済が長期（1年以上）にわたる債務については、その発生時に固定負債として処理をしています。
　ですが、決算日時点での残高をすべて固定負債の部に計上してしまうと、翌期中に支払期日が到来する金額を把握することができません。
　そこで、決算日に1年基準による振替処理を行い、翌期首から1年以内に支払期日が到来する分を「1年以内返済予定設備資金借入金」「1年以内支払予定長期未払金」として流動負債の部に記載をし、翌期首から1年を超えて支払い期日が到来する分を「設備資金借入金」「長期未払金」として固定負債の部に記載します。

取引　設備資金借入金残高に対する決算日の振替処理

3月31日
　決算日につき、毎月末に支払っている設備資金借入金の残高290,000（支払残回数29回）について、1年基準による振替処理を行った。
⇒「設備資金借入金（固定負債）の減少」
　　　　　／「1年以内返済予定設備資金借入金（流動負債）の増加」

| （借）　設備資金借入金　120,000 | （貸）　1年以内返済予定設備資金借入金　120,000 |

資金仕訳はありません。

翌期中に支払い	翌期以降に支払い
120,000	170,000
↓	↓
1年以内返済予定設備資金借入金	設備資金借入金
B/S　流動負債の部	B/S　固定負債の部

　1年基準により固定資産や固定負債から振り返られた流動資産や流動負債は、支払資金には含まれないので注意しましょう！

決算1　決算手続き
確認テスト

答え：P.231

❶ 次の文章の空欄にあてはまる適切な語句を記入しなさい。

（1）　流動負債に表示される引当金は、（　　　　　　　　）である。

第 10・15 回出題

（2）　賞与引当金は、支払資金の範囲に（　　　　　　　）。

第 13 回出題

（3）　（　　　　　　　　　　）は、固定負債に計上される引当金である。

第 13 回出題

（4）　「会計基準」では、支払資金として流動資産と流動負債とが定義されている。ただし、1年基準により固定資産又は固定負債から振り替えられた流動資産・流動負債、（　　　　　　）並びに棚卸資産（貯蔵品を除く）を除くこととされている。

第 14 回出題

❷ 次の取引について仕訳をしなさい。勘定科目は語群から選択すること。

語群：職員賞与　職員給与　賞与引当金　賞与引当金繰入

（1）　翌期に支給する賞与のうち当期負担分 1,318 を賞与引当金に計上した。

第 15 回出題

	借方科目	金額	貸方科目	金額
（1）				

❸ 次の取引につき、資金収支計算書・事業活動計算書のそれぞれに計上されるもの、計上されないものがある。計上されるものには〇、計上されないものには×を記入しなさい。

No	取引の内容	計上される計算書類	
		資金収支計算書	事業活動計算書
①	退職給付引当金を計上した。　　　　　第 10・13 回出題		
②	賞与引当金を計上した。　　　　　　　第 14 回出題		

第10章

決算2　計算書類の作成

㉞ 会計の区分

㉟ 予算の作成

㊱ 計算書類の概要

㊲ 計算書類の作成

　自宅の掃除機が突然壊れてしまい、家電量販店に新しいものを買いに行ったとします。そこには値段も機能も様々なものばかり。掃除機に求める機能などでも製品を選びますが、一番大事な基準は何になりますか？

　ズバリ予算ですよね。掃除機にいくらかけられるかは、その人の収入や他に欲しいものとの優先順位などで決まります。

　さて、社会福祉法人で作成が必要な計算書類は3つありましたね。
①資金収支計算書
②事業活動計算書
③貸借対照表
　これらの計算書類は1年間の事業活動の結果として作成するものですが、1つだけ期首にあらかじめ作成する必要のあるものがあります。

　それは、①の資金収支計算書です。

　社会福祉法人では、資金をどのように使うかをあらかじめ予算として作成し、1年後の決算と比較することで、予算が適正に執行されているかのチェックを行います。

報告の単位として区分が設けられています

34 会計の区分

会計の区分

1．事業区分

社会福祉法人では、**公益事業又は収益事業に関する会計**は、それぞれ当該社会福祉法人の行う社会福祉事業に関する会計から区分し、**特別の会計として経理**しなければなりません。

したがって、計算書類作成に関して、事業区分として、**社会福祉事業、公益事業、収益事業**に区分する必要があります。

2．拠点区分

1つの社会福祉法人が、複数の社会福祉施設を有している場合を考えてみましょう。例えば、ある社会福祉法人が、東京都新宿区と中央区の2か所で老人ホームを運営している場合、それぞれを**拠点**と認識して区別します。

1つの施設、事業所、または事務所として運営している拠点を、原則として予算管理の単位とします。社会福祉法人の会計では、法人が実施する事業の管理単位ごとに設ける会計区分のことを拠点区分といいます。

3．サービス区分

一つの拠点区分（例えば老人ホーム）であっても、その中で複数のサービス（例えば、入所型の特別養護老人ホームと通所型のデイケアサービス）が行われている場合は、それらをサービス区分とします。

サービス区分においては、資金収支計算書と事業活動計算書の作成は必要ですが、貸借対照表の作成は不要です。

第10章 決算2 計算書類の作成

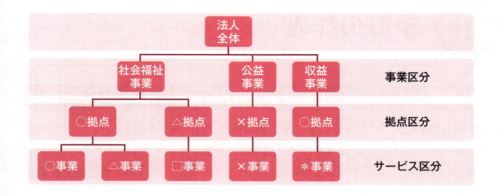

サービス区分の具体例としては、老人ホームであれば、「介護老人福祉施設」「指定通所介護」「指定訪問介護」などがあります。

事業計画に基づいて作成します

35 予算の作成

予算とは

　社会福祉法人では、毎年度末に翌年度の事業計画に基づき**資金収支予算**を作成します。資金収支予算は、**法人単位**及び**拠点区分単位**で作成されることになっており、理事長が編成し理事会の承認を得て確定します。また、予算書は**資金収支計算書**の様式で作成されます。

　資金収支予算の作成は、法人の適切な経営を支え、公益性を確保するために非常に重要です。

　具体的な予算編成の流れは以下の通りです。

①事前検討

　当初の事業計画を見直し、予算額を科目ごとに検討します。

　人件費、修繕箇所、新規購入などを具体的に評価します。

②予算編成

　次年度の収支見込みに基づいて、法人全体および拠点ごとに収入と支出の額を設定します。

③補正予算

　予算と実績が乖離する場合、補正予算を編成します。

　新事業の開始や人員配置の変更、設備投資などが該当します。

④予備費の取り扱い

　予測しがたい支払予算の不足を補うために予備費を設定することができます。

　なお、予備費の使用には理事長の承認が必要です。

第10章 決算2 計算書類の作成

予算というと、「支出」のイメージが強いですが、「収入」も見積もって、両方の予算を作成します。

それぞれの計算書の特徴を覚えましょう

36 計算書類の概要

①資金収支計算書

資金収支計算書の収入と支出は、「事業活動による収支」、「施設整備等による収支」、「その他の活動による収支」の3つに分けられ、それぞれの収支差額を出します。

また、「予算」の欄の額から「決算」の欄の額を減算して「差異」の欄の額を算定します。

資金収支計算書

		予算 （A）	決算 （B）	差異 （A）－（B）
事業活動 による収支	収入			
	支出			
	事業活動資金収支差額			
施設設備等 による収支	収入			
	支出			
	施設整備等資金収支差額			
その他の活動 による収支	収入			
	支出			
	その他の活動資金収支差額			
当期資金収支差額合計				
前期末支払資金残高				
当期末支払資金残高				

こうして算定された当期支払資金収支差額に前期末支払資金残高を加えることで、当期末支払資金残高となります。

それぞれの項目で予算から決算を減算して、差異を算出します。

第10章 決算2 計算書類の作成

②事業活動計算書

　事業活動計算書は、大きく分けて、「サービス活動増減の部」、「サービス活動外増減の部」、「特別増減の部」の３つに分けられます。「サービス活動」と「サービス活動外」の増減差額の合計が「経常増減差額」となり、それに「特別」の増減差額を加えると「当期活動増減差額」となります。

事業活動計算書

サービス活動 増減の部	収益
	費用
	サービス活動増減差額
サービス活動外 増減の部	収益
	費用
	サービス活動外増減差額
経常増減差額	
特別増減の部	収益
	費用
	特別増減差額
当期活動増減差額	
繰越活動増減差額の部	前期繰越活動増減差額
	次期繰越活動増減差額

　当期活動増減差額に前期繰越活動増減差額を加えることで、次期繰越活動増減差額となります。

③貸借対照表

貸借対照表

流動資産の部		流動負債の部	
		固定負債の部	
固定資産の部	基本財産	純資産の部	基本金
			国庫補助金等特別積立金
			その他の積立金
	その他の固定資産		次期繰越活動増減差額

流動資産	現預金及び1年以内に回収（現金化）できる資産
固定資産	1年を超えて所有したり使用する資産
流動負債	決算日の翌日から1年以内に支払わなければならない負債
固定負債	支払期限や返済期間が1年を超える負債
純資産	資産から負債を差し引いた正味の財産

それぞれの項目の内容と勘定科目をしっかりと把握しておきましょう。

37 計算書類の作成

1年間の成果を報告します

事業活動計算書と貸借対照表の作成

　各勘定の期末残高を一覧表にしたものが決算整理**前**試算表でした。

　次に、この決算整理前試算表に決算整理事項を加減して、決算整理**後**試算表を作成します。この決算整理**後**試算表の金額が、貸借対照表と事業活動計算書に記載される金額となります。

　なお、具体的な作成方法は2級で学習しますが、3級では一通りの流れがイメージできるように学習しましょう。

決算整理前試算表から決算整理後試算表作成の流れ

科　目	決算整理前試算表		決算整理事項		決算整理後試算表	
	借方	貸方	借方	貸方	借方	貸方
貸借対照表						
現金預金	×××				×××	
事業未収金	×××				×××	
未収補助金	×××		＋	－	×××	
土地	×××				×××	
建物	×××				×××	
事業未払金		×××				×××
職員預り金		×××				×××
設備資金借入金		×××	－	＋		×××
基本金		×××				×××
国庫補助金等特別積立金		×××				×××
事業活動計算書						
○○事業収益		×××	－	＋		×××
○○寄附金収益		×××				×××
人件費	×××				×××	
事業費	×××		＋	－	×××	
事務費	×××				×××	
減価償却費	×××				×××	
合　計	×××	×××	×××	×××	×××	×××

××× ◀ 貸借対照表、事業活動計算書に記載される金額

資金収支計算書と貸借対照表

　第2章でも学習しましたが、下記貸借対照表の赤枠部分が、プラスの支払資金である流動資産とマイナスの支払資金である流動負債です。(1年基準により振り替えられた流動資産・負債、引当金並びに貯蔵品以外の棚卸資産は除く)。

　さらに、プラスの支払資金である流動資産とマイナスの支払資金である流動負債の差額が、「支払資金残高」となります。

　この支払資金の定義は、3級だけではなく上位級の学習でもとても重要な論点ですので、しっかりと理解しましょう。

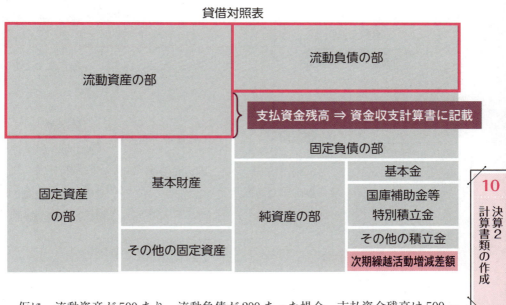

　仮に、流動資産が500あり、流動負債が200あった場合、支払資金残高は500－200＝300となります。

例えば、送迎用車輌を現金500,000で購入した場合、仕訳は以下のようになります。

(借)	車 輌 運 搬 具	500,000	(貸)	現 金 預 金	500,000
(借)	車輌運搬具取得支出	500,000	(貸)	支 払 資 金	500,000

この仕訳を貸借対照表にあてはめてみましょう。

固定資産（その他の固定資産）である車輌運搬具は500,000増加し、流動資産である現金預金は500,000減少します。

貸借対照表

この仕訳はプラスの支払資金である流動資産が減少しているため、資金収支計算書に計上する必要があります。

次に、短期運営資金借入金 500 を借り入れた場合の仕訳は以下のようになります。

(借) 現 金 預 金　　　500　　(貸) 短期運営資金借入金　　　500

この仕訳も貸借対照表にあてはめてみましょう。

流動資産である現金預金が 500 増加し、流動負債である短期運営資金借入金も 500 増加します。

貸借対照表

| 流動資産の部 +500 | 流動負債の部 +500 |
| 固定資産の部 / 基本財産 / その他の固定資産 | 固定負債の部 / 純資産の部（基本金／国庫補助金等特別積立金／その他の積立金／次期繰越活動増減差額） |

この仕訳はプラスの**支払資金である流動資産が増加**し、それと同時にマイナスの**支払資金である流動負債も増加**しているため、**支払資金残高は増減していません**。

例えば、元々流動資産が 500 と流動負債が 200 あったとします。この時の支払資金残高は 500 － 200 ＝ 300 になります。

これに今回の取引である 500 を流動資産と流動負債にそれぞれ追加したとしても、(500 ＋ 500) －(200 ＋ 500) ＝ **300** となり、支払資金残高は増減してないことがわかります。

このように流動資産も流動負債も同時に増加又は減少する場合、この仕訳は**資金収支計算書に計上されません**。

流動資産も流動負債も同時に増加又は減少する場合の仕訳は、資金収支計算書に計上されないので注意しましょう！

では、未収補助金 500 が普通預金に入金された場合は、どうなるでしょうか？
仕訳は以下のようになります。

| （借）現　金　預　金 | 500 | （貸）未 収 補 助 金 | 500 |

　流動資産である現金預金が 500 増加し、流動資産である未収補助金は 500 減少します。

貸借対照表

現金預金＋500 流動資産の部 未収補助金－500	流動負債の部
	固定負債の部
固定資産の部 ／ 基本財産 ／ その他の固定資産	純資産の部 ／ 基本金 ／ 国庫補助金等特別積立金 ／ その他の積立金 ／ 次期繰越活動増減差額

　この仕訳はプラスの**支払資金である流動資産の中で増加と減少が起きており、未収補助金が現金預金に振り替えられただけです。**そのため、**支払資金残高は増減していません。**
　このように流動資産の中での増減の場合、この仕訳は**資金収支計算書に計上されません。**

同様に流動負債の中における増減の場合の仕訳も、資金収支計算書に計上されないので注意しましょう！

事業活動計算書と貸借対照表

　事業活動計算書は、当該会計年度における全ての純資産の増減の内容を明瞭に表示するものでなければなりません。

　例えば、下記の期首貸借対照表で事業をスタートしたとします。

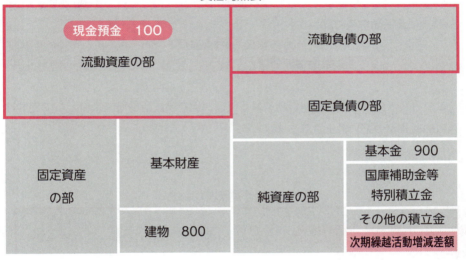

1年間の取引が下記の仕訳のみだったとします。

・○○事業収益として普通預金に100入金された。

| (借) | 現 金 預 金 | 100 | (貸) | ○○事業収益 | 100 |

この結果、事業活動計算書は以下のようになります。

事業活動計算書

サービス活動増減の部	収益	○○事業収益 100
	費用	0
	サービス活動増減差額	100
当期活動増減差額		100

この事業活動計算書の当期活動増減差額は、次期繰越活動増減差額として貸借対照表の純資産の部に計上されます。

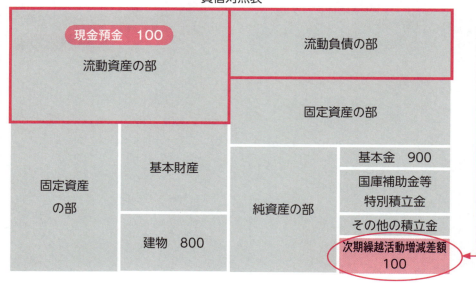

当該会計年度における純資産の次期繰越活動増減差額 100 の発生理由は、事業活動計算書を見れば、事業収益だということがわかります。
　ここで大事なことは、収益が計上されると純資産（次期繰越活動増減差額）が増え、逆に費用が計上されると純資産（次期繰越活動増減差額）が減るということです。

point

事業活動計算書の収益が計上→純資産が増加
事業活動計算書の費用が計上→純資産が減少

　純資産を増減させる取引である収益と費用は、事業活動計算書に計上されます。

決算2　計算書類の作成
確認テスト

答え：P.232

❶ 次の文章の空欄にあてはまる適切な語句を記入しなさい。

（1）　資金収支計算書の「差異」は、「（　　　　）」から「（　　　　）」を
差し引いて算出する。　　　　　　　　　第11・12・14回出題

❷ 次の科目は、それぞれ貸借対照表のどの区分に分類されるか。適切と思われる区分に〇をつけなさい。

	科目	流動資産	固定資産	流動負債	固定負債	純資産
①	現金預金					
②	事業未収金					
③	職員預り金					
④	器具及び備品					
⑤	設備資金借入金					
⑥	土地					
⑦	仮払金					
⑧	貯蔵品					
⑨	前受金					
⑩	1年以内返済予定設備資金借入金					
⑪	基本金					
⑫	立替金					
⑬	国庫補助金等特別積立金					
⑭	修繕積立金					
⑮	短期運営資金借入金					

210

第 **10** 章 決算2 計算書類の作成

❸ 次の取引につき、資金収支計算書・事業活動計算書のそれぞれに計上されるもの、計上されないものがある。計上されるものには〇、計上されないものには×を記入しなさい。

第 10 回出題

No	取引の内容	計上される計算書類	
		資金収支計算書	事業活動計算書
①	障害福祉サービスの利用料を現金で受領した。		
②	短期運営資金借入金を借り入れた。		
③	業務用の洗濯機（固定資産）が壊れたので廃棄した。		
④	給食材料が納品され、支払いは翌月とした。		
⑤	パソコン（固定資産）を購入して、普通預金から支払った。		
⑥	退職給付引当金を計上した。		
⑦	土地・建物賃借料を普通預金から振り込んだ。		
⑧	建物の減価償却費を計上した。		
⑨	未収補助金が普通預金に入金された。		
⑩	1年以内返済予定設備資金借入金を返済した。		

10
決算2 計算書類の作成

Column
「選任」と「選定」

評議員は理事を「**選任**」する。
理事会は理事長を「**選定**」する。

「選任」と「選定」という言葉ですが、「選ぶ」という意味では共通しています。ただ、「対象」が異なります。

評議員は「**選任**」、理事も「**選任**」、理事長は……「**選定**」

気づきましたか？
評議員や理事は、新たな役職として任命されます。
一方、理事長は理事のひとりであることが前提となります。

新たに役員を選ぶ（任命する）場合は「**選任**」を使います。
ある役職の中からさらに別の立場を選ぶ場合に用いるのが「**選定**」です。

理事長は、理事の中から代表として選ばれます。
従って、理事会で理事長を選ぶ場合は「**選定**」を使います。

「**解任**」と「**解職**」も同様です。
理事は「**解任**」、理事長は「**解職**」となります。

普段は意識せずに使っている言葉ですが、微妙な違いがあるのですね。

理事長：「選定」されました！

巻末

確認テスト　　　解答解説
サンプル問題　　解答解説

第1章
社会福祉法人の会計制度

問題：P.21

解答

❶

（1）　社会福祉法人の会計期間は、毎年（　4月1日　）から（　3月31日　）の1年間である。

（2）　社会福祉法人が作成しなくてはならない計算書類は、（　資金収支計算書　）（　事業活動計算書　）（　貸借対照表　）の3つである。

（3）　計算書類は決められた用語を用いて作成しなくてはならないが、この用語を（　勘定科目　）という。

（4）　計算書類に記載する金額は、（　1円　）単位をもって表示する。

第2章
社会福祉法人の計算書類

問題：P.60

解答

①

	科目	流動資産	固定資産	流動負債	固定負債	純資産
①	現金預金	○				
②	事業未収金	○				
③	事業未払金			○		
④	立替金	○				
⑤	預り金			○		
⑥	車輌運搬具		○			
⑦	土地		○			
⑧	器具及び備品		○			
⑨	仮受金			○		
⑩	仮払金	○				
⑪	短期貸付金	○				
⑫	長期貸付金※		○			
⑬	短期運営資金借入金			○		
⑭	設備資金借入金※				○	
⑮	長期運営資金借入金※				○	
⑯	基本金					○

※１年以内に回収・返済予定のものはありません。

第3章
仕訳と転記

問題：P.74

解答

(1) 会計の基本的な帳簿である仕訳帳と総勘定元帳を総称して（ 主要簿 ）という。

(2) 計算書類が完成するまでの複式簿記の手続きは、発生した取引に基づいて（ 仕訳帳 ）に仕訳を行い、その結果を、勘定口座を綴った（ 総勘定元帳 ）に転記し、転記の正否を確かめるため試算表を作成し、決算整理事項を記入した精算表を作成して計算書類を作成する流れとなっている。

現　金　預　金（資産）

○年 月	日	摘要	借方（＋）	貸方（－）	差引残高
3	1	前月繰越	－	－	51,722
	2	諸口		927	50,795
	5	通信運搬費		25	50,770
	15	保育事業収益	8,332		59,102
	20	保育材料費		283	58,819
	25	諸口		5,614	53,205

事　業　未　収　金（資産）

○年 月	日	摘要	借方（＋）	貸方（－）	差引残高
3	1	前月繰越	－	－	0
	31	保育事業収益	530		530

未　収　補　助　金（資産）

○年 月	日	摘要	借方（＋）	貸方（－）	差引残高
3	1	前月繰越	－	－	0
	31	保育事業収益	2,198		2,198

器 具 及 び 備 品 （資産）

○年 月	日	摘要	借方（＋）	貸方（－）	差引残高
3	1	前月繰越	－	－	1,792
	31	その他の未払金	467		2,259

事 業 未 払 金 （負債）

○年 月	日	摘要	借方（－）	貸方（＋）	差引残高
3	1	前月繰越	－	－	925
	2	現金預金	925		0
	18	消耗器具備品費		891	891

そ の 他 の 未 払 金 （負債）

○年 月	日	摘要	借方（－）	貸方（＋）	差引残高
3	1	前月繰越	－	－	0
	31	器具及び備品		467	467

職 員 預 り 金 （負債）

○年 月	日	摘要	借方（－）	貸方（＋）	差引残高
3	1	前月繰越	－	－	0
	25	諸口		795	795

保 育 事 業 収 益

○年 月	日	摘要	借方	貸方	差引残高
3	1	前月繰越	—	—	98,539
	15	現金預金		8,332	106,871
	31	諸口		2,728	109,599

職 員 給 料

○年 月	日	摘要	借方	貸方	差引残高
3	1	前月繰越	—	—	56,391
	25	諸口	5,116		61,507

非 常 勤 職 員 給 与

○年 月	日	摘要	借方	貸方	差引残高
3	1	前月繰越	—	—	14,758
	25	諸口	1,293		16,051

保 育 材 料 費

○年 月	日	摘要	借方	貸方	差引残高
3	1	前月繰越	—	—	3,243
	20	現金預金	283		3,526

消耗器具備品費

○年 月 日		摘要	借方	貸方	差引残高
3	1	前月繰越	−	−	3,571
	18	事業未払金	891		4,462

通信運搬費

○年 月 日		摘要	借方	貸方	差引残高
3	1	前月繰越	−	−	382
	5	現金預金	25		407

手数料

○年 月 日		摘要	借方	貸方	差引残高
3	1	前月繰越	−	−	38
	2	現金預金	2		40

解説

仕訳の推定

5日　運搬通信費、現金預金の金額：
　　　現金預金の元帳に5日貸方25の記載があることから、これが5日の仕訳金額と推定することができます。
25日　職員預り金の金額：5,116 + 1,293 − 5,614 = 795
31日　未収補助金の金額：2,728 − 530 = 2,198

第4章
日常の会計処理 1
現金と預金

問題：P.97

解答

❶

(1) 小口現金の管理方法のうち、会計係が前もって一定額の現金を小口現金担当者に渡し、後日定められた日に使用した金額を小口現金担当者から会計係に報告して使用した金額を補給する方法を、（ 定額資金前渡法 ）という。また、このとき小口現金担当者が記載する、小口現金の支払い明細を記入した補助簿を（ 小口現金出納帳 ）という。

(2) 小切手を用いて支払いを行うために保有する銀行口座を（ 当座 ）預金という。

(3) 一般に（ 小口現金 ）の補充方法には、定額資金前渡法と任意補給法などがある。

(4) 小口現金の管理方法のうち、小口現金担当者の管理する小口現金有高が少なくなった時に、必要に応じて、出納職員から小口現金担当者に補給する方法を（ 任意補給法 ）といい、小口現金の支払い明細を記入した（ 補助簿 ）を小口現金出納帳という。

❷

	勘定科目	金額	勘定科目	金額
(1)	小 口 現 金	10,000	普 通 預 金	10,000

第5章

日常の会計処理2
収益・費用の会計処理

問題：P.113

解答

❶

	借方科目	金額	貸方科目	金額
（1）	現　金　預　金	14,626	介護保険事業収益	14,626
（2）	事　業　未　収　金	9,876	障害福祉サービス等事業収益	16,264
	未　収　補　助　金	6,388		
（3）	現　金　預　金	122,974	事　業　未　収　金	10,240
			介護保険事業収益	112,734
（4）	現　金　預　金	60	経常経費寄附金収益	60
（5）	現　金　預　金	5,600	老人福祉事業収益	5,600
（6）	現　金　預　金	500	施設整備等寄附金収益	500

❷

	借方科目	金額	貸方科目	金額
（1）	広　報　費	670	現　金　預　金	670
（2）	給　食　費	2,756	現　金　預　金	3,102
	水道光熱費	346		
（3）	通信運搬費	158	現　金　預　金	158
（4）	研修研究費	115	現　金　預　金	115
（5）	租　税　公　課	4	現　金　預　金	4
（6）	土地・建物賃借料	300	現　金　預　金	300
（7）	事務消耗品費	28	事業未払金	28

❸

	借方科目	金額	貸方科目	金額
（1）	職　員　給　料	4,001	現　金　預　金	4,401
	非常勤職員給与	1,081	職員預り金	681
（2）	職員預り金	1,276	現　金　預　金	2,568
	法定福利費	1,292		
（3）	非常勤職員給与	150	現　金　預　金	142
			職員預り金	8

解説

❶

（2）　施設利用者から受け入れる利用者負担金の未収は「**事業未収金**」、国や地方
　　　公共団体から受け入れる補助金の未収は「**未収補助金**」とします。

❷

（1）　パンフレットやチラシの印刷代は広報費です。
　　　一方で、事務書類などの印刷代は印刷製本費となります。
（4）　研修を受けるためにかかった交通費等は、「研修研究費」に含めます。

❸

（2）　事業主負担分（法定福利費）の計算：2,568 − 1,276 = 1,292

第6章

日常の会計処理3
その他の債権・債務

問題：P.145

巻末
確認テスト
解答解説

解答

❶

	借方科目	金額	貸方科目	金額
（1）	現 金 預 金	31	事 業 未 収 金	31
（2）	事 業 未 払 金	3,612	現 金 預 金	3,612
（3）	器 具 及 び 備 品	245	その他の未払金	245
（4）	短期運営資金借入金	3,200	現 金 預 金	3,295
	支 払 利 息	95		
（5）	現 金 預 金	6	仮 払 金	30
	研 修 研 究 費	24		
（6）	仮 受 金	120	児童福祉事業収益	120
（7）	仮 払 金	30	現 金 預 金	30
（8）	研 修 研 究 費	55	預 り 金	5
			現 金 預 金	50

❷
（1） 事業未払金に計上されている給食材料の代金を支払ったときの仕訳は、（　負債の減少　）と資産の減少として表される。

（2） 預金口座に振り込まれたものの内容が不明であるときは、（　仮受金　）の勘定科目で処理しておき、後日内容が判明したときに適切な勘定科目に振り替える。

（3） 処理すべき科目が確定しない出金を一時的に処理する科目は（　仮払金　）である。

解説

（3）　事業費・事務費の計上のさいの未払は「事業未払金」で処理しますが、固定資産の購入など事業費・事務費計上以外で生じる未払は「その他の未払金」で処理をします。

（8）　施設職員や嘱託職員に対する預り金は「職員預り金」、施設外部の講師などに対する預り金は「預り金」で処理をします。

第7章
固定資産の会計処理

問題：P.162

解答

❶

(1) 会計基準には、支払資金として流動資産と流動負債とが定義されている。ただし、1年基準により（ 固定資産 ）又は固定負債から振り替えられた流動資産・流動負債、引当金並びに棚卸資産（貯蔵品を除く）を除くこととされている。

(2) 令和2年1月10日に業務用のパソコンを 168,000 で購入し、7,200 の設定費用とともに支払い、納入を受けた。このパソコンの取得価額は（ 175,200 [*1] ）円であり、令和元年度の定額法による減価償却費は（ 10,950 [*2] ）円である。ただし、減価償却の計算に際しては、残存価額をゼロ、耐用年数を4年（償却率 0.250）とする。

❷

	借方科目	金額	貸方科目	金額
(1)	車輌運搬具	3,632	現金預金	3,632
(2)	減価償却費	40	器具及び備品	40
(3)	ソフトウェア	1,600	現金預金	1,600
(4)	減価償却費	197	建物	197
(5)	現金預金	300	車輌運搬具	430
	固定資産売却損・処分損	130		
(6)	固定資産売却損・処分損	16	器具及び備品	16

❸

No	取引の内容	計上される計算書類	
		資金収支 計算書	事業活動 計算書
①	業務用の洗濯機（固定資産）が壊れたので廃棄した。	×	○
②	建物の減価償却費を計上した。	×	○
③	決算に際して建物の減価償却を行った。	×	○
④	コピー機（固定資産）を購入し、小切手を振り出した。	○	×
⑤	給与計算ソフト（固定資産）を現金で購入した。	○	×
⑥	パソコン（固定資産）が壊れたので廃棄した。	×	○
⑦	車輌（固定資産）を現金で購入した。	○	×
⑧	冷蔵庫（固定資産）を購入し、代金を支払った。	○	×
⑨	車輌運搬具に計上していた利用者送迎車を廃車にした。	×	○
⑩	エアコン（固定資産）を購入し、代金を支払った。	○	×

巻末　確認テスト　解答解説

解説

❶

（2）　＊1　168,000 ＋ 7,200 ＝ 175,200

　　　＊2　$175,200 \times 0.250 \times \dfrac{3\,カ月}{12\,カ月} = 10,950$

❸

パターンとしては次の3つ

1．固定資産の購入

　　現金などの支払資金の流出があるため資金収支計算書のみに計上される。

2．固定資産の廃棄

　　現金などの支払資金の流出はなく、固定資産売却損・処分損が事業活動計算書のみに計上される。

3．減価償却費の計上

　　現金などの支払資金の流出はなく、減価償却費が事業活動計算書のみに計上される。

第8章
純資産の会計処理

問題：P.174

解答

❶

（1） 貸借対照表の純資産は、（ 基本金 ）、国庫補助金等特別積立金、その他の積立金、次期繰越活動増減差額に区分する。

❷

	借方科目	金額	貸方科目	金額
（1）	現 金 預 金	1,000	施設整備等補助金収益	1,000
	国庫補助金等特別積立金積立額	1,000	国庫補助金等特別積立金	1,000

❸

No	取引の内容	計上される財務諸表	
		資金収支計算書	事業活動計算書
①	国庫補助金等特別積立金を積み立てた。	×	○

解説

❸

　国庫補助金等特別積立金の積み立ては、現金などの支払資金の流出はなく、国庫補助金等特別積立金積立額が事業活動計算書のみに計上される。

第9章
決算1　決算手続き

問題：P.191

解答

❶

(1) 流動負債に表示される引当金は、（ 賞与引当金 ）である。
(2) 賞与引当金は、支払資金の範囲に（ 含まれない ）。
(3) （ 退職給付引当金 ）は、固定負債に計上される引当金である。
(4) 「会計基準」では、支払資金として流動資産と流動負債とが定義されている。ただし、1年基準により固定資産又は固定負債から振り替えられた流動資産・流動負債、（ 引当金 ）並びに棚卸資産（貯蔵品を除く）を除くこととされている。

❷

	借方科目	金額	貸方科目	金額
(1)	賞与引当金繰入	1,318	賞与引当金	1,318

❸

| No | 取引の内容 | 計上される計算書類 ||
		資金収支計算書	事業活動計算書
①	退職給付引当金を計上した。	×	○
②	賞与引当金を計上した。	×	○

解説

❸
　引当金の計上は、現金などの支払資金の流出はなく、事業活動計算書のみに計上される。

第10章
決算2　計算書類の作成

問題：P.210

解答

❶

（1）　資金収支計算書の「差異」は、「（　予算　）」から「（　決算　）」を差し引いて算出する。

❷

	科目	流動資産	固定資産	流動負債	固定負債	純資産
①	現金預金	○				
②	事業未収金	○				
③	職員預り金			○		
④	器具及び備品		○			
⑤	設備資金借入金				○	
⑥	土地		○			
⑦	仮払金	○				
⑧	貯蔵品	○				
⑨	前受金			○		
⑩	１年以内返済予定設備資金借入金			○		
⑪	基本金					○
⑫	立替金	○				
⑬	国庫補助金等特別積立金					○
⑭	修繕積立金					○
⑮	短期運営資金借入金			○		

巻末　確認テスト　解答解説

❸

No	取引の内容	計上される計算書類	
		資金収支計算書	事業活動計算書
①	障害福祉サービスの利用料を現金で受領した。	○	○
②	短期運営資金借入金を借り入れた。	×	×
③	業務用の洗濯機（固定資産）が壊れたので廃棄した。	×	○
④	給食材料が納品され、支払いは翌月とした。	○	○
⑤	パソコン（固定資産）を購入して、普通預金から支払った。	○	×
⑥	退職給付引当金を計上した。	×	○
⑦	土地・建物賃借料を普通預金から振り込んだ。	○	○
⑧	建物の減価償却費を計上した。	×	○
⑨	未収補助金が普通預金に入金された。	×	×
⑩	1年以内返済予定設備資金借入金を返済した。	○	×

解説

❸

　支払資金である流動資産と流動負債が増減する場合→資金収支計算書に計上される。

　純資産が増減する場合→事業活動計算書に計上される。

①

流動資産 +	流動負債
	純資産 +
固定資産	

＜仕訳＞

現金預金／

障害福祉サービス等事業収益

↓

現金預金 → **流動資産増加**

収益 → **純資産増加**

233

②

＜仕訳＞
現金預金／短期運営資金借入金
↓
現金預金 → 流動資産増加
短期運営資金借入金
→ 流動負債増加
※流動資産と流動負債の両方が増加するため資金収支計算書には計上されない。

③

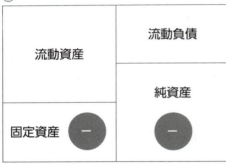

＜仕訳＞
固定資産売却損・処分損／
器具及び備品
↓
固定資産売却損・処分損 → 純資産減少
器具及び備品 → 固定資産減少

④

＜仕訳＞
事業費（給食費）／事業未払金
↓
事業費（給食費）→ 純資産減少
事業未払金 → 流動負債増加

⑤

＜仕訳＞
器具及び備品／現金預金
　　　　↓
器具及び備品 → 固定資産増加
現金預金 → 流動資産減少

⑥

＜仕訳＞
退職給付費用／退職給付引当金
　　　　↓
退職給付費用 → 純資産減少
退職給付引当金 → 固定負債増加

⑦

＜仕訳＞
土地・建物賃借料／現金預金
　　　　↓
土地・建物賃借料 → 純資産減少
現金預金 → 流動資産減少

⑧

＜仕訳＞
減価償却費／建物
↓
減価償却費 → **純資産減少**
建物 → 固定資産減少

⑨

＜仕訳＞
現金預金／未収補助金
↓
現金預金 → 流動資産増加
未収補助金 → 流動資産減少
※流動資産の中での増加と減少となるため、資金収支計算書には計上されない。

⑩

＜仕訳＞
1年以内返済予定設備資金借入金／現金預金
↓
1年以内返済予定設備資金借入金
→ 流動負債減少
現金預金 → **流動資産減少**
※1年以内返済予定設備資金借入金は流動負債ではあるが、支払資金には含まれないため、資金収支計算書に計上される。

サンプル問題

解答 総合福祉研究会が公表している問題・標準解答をもとに、ネットスクールが作成しています。

巻末
サンプル問題
解答解説

1

		解 答 記 入 欄
(1)	ア	流動資産
	イ	流動負債
	ウ	引当金
	エ	貯蔵品
(2)	オ	事業活動
	カ	施設整備等
	キ	その他の活動
(3)	ク	純資産
(4)	ケ	資産
	コ	負債
(5)	サ	総勘定元帳
(6)	シ	10
	ス	有形
	セ	無形
	ソ	土地
	タ	定額
	チ	定率
(7)	ツ	事業計画
	テ	拠点
	ト	補正予算

各1点×20問　合計20点

237

2

(単位省略)

	借　方		貸　方	
	勘定科目	金額	勘定科目	金額
（1）	事 業 未 収 金	500	介護保険事業収益	500
（2）	職 員 預 り 金	50	現 金 預 金	50
（3）	設 備 資 金 借 入 金	800	現 金 預 金	820
	支 払 利 息	20		
（4）	器 具 及 び 備 品	60	現 金 預 金	65
	事 務 消 耗 品 費 *	5		
（5）	固定資産売却損・処分損	10	車 輌 運 搬 具	10
（6）	仮 払 金	8	現 金 預 金	8
	旅 費 交 通 費	6	仮 払 金	8
	現 金 預 金	2		
（7）	賞 与 引 当 金 繰 入	300	賞 与 引 当 金	300
（8）	職 員 給 料	1,050	職 員 預 り 金	160
	非 常 勤 職 員 給 与	480	現 金 預 金	1,370 *
（9）	現 金 預 金	100	施設整備等寄附金収益	100
（10）	事 業 未 収 金	43	現 金 預 金	43

各2点×10問　合計20点

3

	資金収支計算書	事業活動計算書
（1）	○	○
（2）	×	○
（3）	○	×
（4）	○	×
（5）	○	×
（6）	×	○
（7）	○	○
（8）	×	○
（9）	×	×
（10）	○	○

資金収支計算書、事業活動計算書ともに正答で

各2点×10問　合計20点

4 （単位省略）

現 金 預 金

4年 月	日	摘　　要	借　　方	貸　　方	差引残高
3	1	前月繰越	－	－	60,321
	1	事務消耗品費		235	60,086
	3	未収補助金	1,000		61,086
	10	諸口		7,135	53,951
	17	車輌費		453	53,498
	18	経常経費寄附金収益	800		54,298
	20	諸口		4,025	50,273
	31	事業未払金		530	49,743

事 業 未 収 金

4年 月	日	摘　　要	借　　方	貸　　方	差引残高
3	1	前月繰越	－	－	0
	31	介護保険事業収益	7,575		7,575

未 収 補 助 金

4年 月	日	摘　　要	借　　方	貸　　方	差引残高
3	1	前月繰越	－	－	1,000
	3	現金預金		1,000	0

基 本 財 産 建 物

4年 月	日	摘 要	借 方	貸 方	差引残高
3	1	前月繰越	−	−	16,897
	31	減価償却費		420	16,477

車 輌 運 搬 具

4年 月	日	摘 要	借 方	貸 方	差引残高
3	1	前月繰越	−	−	5,823
	15	その他の未払金	896		6,719
	31	減価償却費		60	6,659

事 業 未 払 金

4年 月	日	摘 要	借 方	貸 方	差引残高
3	1	前月繰越	−	−	2,984
	20	派遣職員費		1,100	4,084
	31	業務委託費		785	4,869
	31	現金預金	530		4,339

そ の 他 の 未 払 金

4年 月	日	摘 要	借 方	貸 方	差引残高
3	1	前月繰越	−	−	0
	15	車輌運搬具		896	896

職 員 預 り 金

4年 月	日	摘　　要	借　　方	貸　　方	差引残高
3	1	前月繰越	−	−	0
	20	諸口		520	520

1年以内返済予定設備資金借入金

4年 月	日	摘　　要	借　　方	貸　　方	差引残高
3	1	前月繰越	−	−	6,500
	10	現金預金	6,500		0

介護保険事業収益

4年 月	日	摘　　要	借　　方	貸　　方	差引残高
3	1	前月繰越	−	−	82,567
	31	事業未収金		7,575	90,142

経常経費寄附金収益

4年 月	日	摘　　要	借　　方	貸　　方	差引残高
3	1	前月繰越	−	−	325
	18	現金預金		800	1,125

職 員 給 料

4年 月	日	摘　　要	借　　方	貸　　方	差引残高
3	1	前月繰越	−	−	34,891
	20	諸口	3,250		38,141

非 常 勤 職 員 給 与

4年 月	日	摘 要	借 方	貸 方	差引残高
3	1	前月繰越	−	−	13,896
	20	諸口	1,295		15,191

派 遣 職 員 費

4年 月	日	摘 要	借 方	貸 方	差引残高
3	1	前月繰越	−	−	10,895
	20	事業未払金	1,100		11,995

車 輌 費

4年 月	日	摘 要	借 方	貸 方	差引残高
3	1	前月繰越	−	−	10,895
	17	現金預金	453		11,348

事 務 消 耗 品 費

4年 月	日	摘 要	借 方	貸 方	差引残高
3	1	前月繰越	−	−	2,895
	1	現金預金	235		3,130

業 務 委 託 費

4年 月	日	摘 要	借 方	貸 方	差引残高
3	1	前月繰越	−	−	8,159
	31	事業未払金	785		8,944

減 価 償 却 費

4年 月	日	摘　　要	借　　方	貸　　方	差引残高
3	1	前月繰越	−	−	5,120
	31	諸口	480		5,600

支 払 利 息

4年 月	日	摘　　要	借　　方	貸　　方	差引残高
3	1	前月繰越	−	−	1,905
	10	現金預金	635		2,540

現金預金４点　その他各２点　合計 40 点

巻末　サンプル問題　解答解説

解説

1

（1）　支払資金は、**流動資産**及び**流動負債**（経常的な取引以外の取引によって生じた債権又は債務のうち貸借対照表日の翌日から起算して一年以内に入金又は支払の期限が到来するものとして固定資産又は固定負債から振り替えられた**流動資産**又は**流動負債**、**引当金**及び棚卸資産（**貯蔵品**を除く。）を除く。）とし、支払資金残高は、当該**流動資産**と**流動負債**との差額とする。

社会福祉法人会計基準第 13 条（資金収支計算書の資金の範囲）

巻末　サンプル問題　解答解説

（2）　資金収支計算書は、次に掲げる収支に区分するものとする。

　　1. **事業活動**による収支
　　2. **施設整備等**による収支
　　3. **その他の活動**による収支

社会福祉法人会計基準第 15 条（資金収支計算書の区分）

（3）　事業活動計算書は、当該会計年度における全ての**純資産**の増減の内容を明瞭に表示するものでなければならない。

社会福祉法人会計基準第 19 条（事業活動計算書の内容）

（4）　貸借対照表は、当該会計年度末現在における全ての**資産**、**負債**及び純資産の状態を明瞭に表示するものでなければならない。

社会福祉法人会計基準第 25 条（貸借対照表の内容）

（6） 減価償却は耐用年数が1年以上、かつ、原則として1個若しくは1組の金額が **10**万円以上の**有形**固定資産及び**無形**固定資産を対象とする。

> 運用上の留意事項（課長通知）17 減価償却について（1）減価償却の対象と単位

なお、**土地**など減価が生じない資産（非償却資産）については、減価償却を行うことができないものとする。

> 運用上の取扱い（局長通知）16 減価償却について（会計基準省令第4条第2項関係）（1）

減価償却の方法としては、**有形**固定資産については**定額**法又は**定率**法のいずれかの方法で償却計算を行う。

また、ソフトウエア等の無形固定資産については**定額**法により償却計算を行うものとする。

> 運用上の取扱い（局長通知）16 減価償却について（会計基準省令第4条第2項関係）（2）

（7） 法人は、**事業計画**をもとに資金収支予算書を作成するものとし、資金収支予算書は**拠点**区分ごとに収入支出予算を編成することとする。また、資金収支予算書の勘定科目は、資金収支計算書の勘定科目に準拠することとする。

> 運用上の留意事項（課長通知）2 予算と経理（1）

法人は、全ての収入及び支出について予算を編成し、予算に基づいて事業活動を行うこととする。なお、年度途中で予算との乖離等が見込まれる場合は、必要な収入及び支出について**補正予算**を編成するものとする。ただし、乖離額等が法人の運営に支障がなく、軽微な範囲にとどまる場合は、この限りではない。

> 運用上の留意事項（課長通知）2 予算と経理（2）

2

（4） ＊コピー用紙代は、事務消耗品費となります。

（8） ＊（ 1,050 ＋ 480 ） － 160 ＝ 1,370
　　　　　職員給料　非常勤職員給与　　職員預り金　　差引支給額

3

【仕訳】

	借方科目	貸方科目	C/F	P/L
（1）	土地・建物賃借料 費用の増加	現 金 預 金 流動資産の減少	○	○
（2）	固定資産売却損・処分損 費用の増加	器 具 及 び 備 品 固定資産の減少	×	○
（3）	構 築 物 固定資産の増加	現 金 預 金 流動資産の減少	○	×
（4）	現 金 預 金 流動資産の増加	設 備 資 金 借 入 金 固定負債の増加	○	×
（5）	設 備 資 金 借 入 金 固定負債の減少	現 金 預 金 流動資産の減少	○	×
（6）	減 価 償 却 費 費用の増加	ソ フ ト ウ ェ ア 固定資産の減少	×	○
（7）	修繕積立資産（定期預金） 固定資産の増加	現金預金（普通預金） 流動資産の減少	○	×
	修 繕 積 立 金 積 立 額 繰越活動増減差額の減少	修 繕 積 立 金 純資産の増加	×	○
（8）	国庫補助金等特別積立金 純資産の増加	国庫補助金等特別積立金取崩額 費用の減少	×	○
（9）	そ の 他 の 未 払 金 流動負債の減少	現 金 預 金 流動資産の減少	×	×
（10）	法 定 福 利 費 費用の増加	事 業 未 払 金 流動負債の増加	○	○

4

10日：支払利息の金額

$$\underset{\text{現金預金}}{7,135} \quad - \quad \underset{\text{1年以内返済予定設備資金借入金}}{6,500} \quad = \quad 635$$

20日：職員預り金の金額

$$(\quad \underset{\text{職員給料}}{3,250} \quad + \quad \underset{\text{非常勤職員給与}}{1,295} \quad) \quad - \quad \underset{\text{現金預金}}{4,025} \quad = \quad 520$$

おわりに……

お疲れ様でした。

会計3級の学習はこれで修了です。

まずは試験合格に向けてサンプル問題や過去問題の反復練習をしつつ、苦手な論点はテキスト本文に戻って確認する作業を繰り返しましょう。はじめは解けない問題でも、インプットとアウトプットを繰り返すことで理解が深まり、苦手な問題を克服していくことができます。

そして、会計3級合格後は、次のステップとしてぜひ会計2級にチャレンジしてください。

会計3級と会計2級のレベルは以下のようになっています。

【会計3級】主に社会福祉法人の「出納職員・事務職員（1～3年）」として必要とされる、主に基礎的な内容を問うものとする

【会計2級】会計3級における基礎的な内容をふまえた上で、主に社会福祉法人の各施設の「会計責任者・施設長・事務長」として、実務において必要とされる内容を問うものとする

社会福祉法人経営実務検定試験での上位級チャレンジは、職場でのスキルアップにもつながります。

この本で学習してくださった皆様が、みごとに試験に合格され、さらに次のステップにチャレンジして、いずれ社会福祉法人の運営を支える立場となって活躍していただけたらとても嬉しいです。

ネットスクール　社会福祉法人経営実務検定試験テキスト＆トレーニング
制作スタッフ一同

索　引

欧文

B／S	24
C／F	51
P／L	34
WAMNET（ワムネット）	8

あ

預り金	141

い

1年以内返済予定設備資金借入金	190
1年基準	27
1年基準による振替処理	190
医療事業収益	100
医療費	105
印刷製本費	107

う

受取利息配当金収益	86

か

会議費	107
会計期間	13
会計基準省令	18
介護保険事業収益	100
介護保険制度	7
介護用品費	105
貸方	62
貸付金	126
借入金	126
仮受金	138
借方	62
仮払金	138
勘定	67
勘定科目	13,63
勘定口座	67

き

器具及び備品	150
期首	13
期中	13
基本金	166
基本金組入額	167
基本財産	32
期末	13
期末残高	178
給食費	105
教育指導費	105
業務委託費	107
教養娯楽費	105
拠点区分	194

け

計算書類	11,176
経常経費寄附金収益	100
経常増減差額	42
経理規程	20
経理規程準則	7
決算	176
決算整理事項	180
決算整理仕訳	180
決算日	13
減価償却	154
減価償却費	155
現金	82
現金預金	96
研修研究費	107
源泉徴収制度	109

こ

公益事業	4
購入代価	152
広報費	107
小切手	83,88,90
小口現金	92
国庫補助金等特別積立金	169
国庫補助金等特別積立金積立額	170
固定資産	27,150

固定資産売却益 ……………………… 160
固定資産売却損・処分損 …………… 160
固定負債 ……………………… 27,190

さ

サービス活動増減差額 ……………… 42
サービス区分 ………………………… 194
差異 …………………………………… 198
残存価額 ……………………………… 155
残高 …………………………………… 179

し

次期繰越活動増減差額 ……………… 32
事業活動計算書 ……………… 34,199
事業活動資金収支差額 ……………… 50
事業区分 ……………………………… 194
事業収益 ……………………………… 100
事業費 ………………………………… 105
事業未収金 …………………………… 120
事業未払金 …………………………… 120
資金概念 ……………………………… 48
資金収支計算書 ……………… 48,198
資金収支予算 ………………………… 196
資金仕訳 ……………………… 48,83
資産 …………………………………… 24
試算表 ………………………… 73,178
支出 …………………………………… 49
施設整備等寄附金収益 ……………… 167
施設整備等資金収支差額 …………… 51
施設整備等補助金収益 ……………… 170
児童福祉事業収益 …………………… 100
支払資金 ……………………………… 48
支払資金残高 ………………… 48,203
支払利息 ……………………………… 130
事務消耗品費 ………………………… 107
事務費 ………………………………… 107
社会福祉事業 ………………………… 2
社会福祉制度 ………………………… 5
社会福祉法人 ………………………… 2
社会福祉法人会計基準 ……… 8,18
車輌運搬具 …………………………… 150
車輌費 ………………………………… 105
収益 …………………………………… 34

収益事業 ……………………………… 4
就職支度費 …………………………… 105
修繕費 ………………………………… 107
収入 …………………………………… 49
就労支援事業収益 …………………… 100
取得原価 ……………………… 152,155
主要簿 ………………………………… 68
純資産 ………………………… 24,28
渉外費 ………………………………… 107
障害福祉サービス等事業収益 ……… 100
消耗器具備品費 ……………………… 105
賞与引当金 …………………………… 187
賞与引当金繰入 ……………… 109,187
諸会費 ………………………………… 107
職員預り金 …………………………… 109
職員給料 ……………………………… 109
職員賞与 ……………………………… 109
職員被服費 …………………………… 107
諸口 …………………………………… 70
仕訳 …………………………………… 62
仕訳帳 ………………………………… 68
人件費 ………………………………… 109

す

水道光熱費 …………………… 105,108

せ

生活保護事業収益 …………………… 100
設備資金借入金 ……………………… 190

そ

総勘定元帳 …………………………… 68
葬祭費 ………………………………… 105
租税公課 ……………………………… 107
措置委託制度 ………………………… 6
その他の活動資金収支差額 ………… 51
その他の固定資産 …………………… 32
その他の積立金 ……………………… 172
その他の未払金 ……………………… 123
ソフトウェア ………………………… 150

た

第一種社会福祉事業	2,4
貸借対照表	24,200
退職給付引当金	189
退職給付費用	109,189
退職共済事業収益	100
第二種社会福祉事業	2,4
耐用年数	155
立替金	141
建物	150
他人振出小切手	82
短期運営資金借入金	129
短期貸付金	126

ち

長期運営資金借入金	131
徴収不能額	183
徴収不能引当金	185
徴収不能引当金繰入	185
帳簿	62
直接法	158
賃借料	105,108

つ

通貨代用証券	82
通信運搬費	107
月割計算	161

て

定額資金前渡法	92
定額法	155
訂正仕訳	180
手数料	107
転記	67

と

当期	13
当期活動増減差額	41
当期資金収支差額合計額	51
当期末繰越活動増減差額	34
当期末支払資金残高	51,198
当座預金	87
土地	150
土地・建物賃借料	107
取引	63

に

日用品費	105
任意補給法	92

ね

燃料費	105,108

ひ

非常勤職員給与	109
被服費	105
費用	34

ふ

福利厚生費	107
負債	24,26
付随費用	152
普通預金	84

ほ

保育材料費	105
保育事業収益	100
法定福利費	110

ホームポジション ……………… 62
保健衛生費 …………………… 105
保険料 ………………… 105,108
保守料 ……………………… 107
補助金 ………………… 103,152
補助簿 ……………………… 68,96

ま

前受金 ……………………… 133
前払金 ……………………… 133

み

未収金 ………………… 120,123
未収補助金 ………………… 103

よ

要償却額 …………………… 155
予算 …………………… 196,198

り

流動資産 …………………… 27
流動負債 ………………… 27,190
利用者等利用料収益 ………… 100
旅費交通費 ………………… 107

ろ

老人福祉事業収益 …………… 100

······ Memorandum Sheet ······

······ Memorandum Sheet ······

······ Memorandum Sheet ······

······ Memorandum Sheet ······

Memorandum Sheet

······ Memorandum Sheet ······

社会福祉法人経営実務検定
書籍ラインナップ

書名	判型	税込価格	発刊年月
サクッとうかる社会福祉法人経営実務検定試験 入門 公式テキスト＆トレーニング【第2版】	A5判	1,760 円	好評発売中
サクッとうかる社会福祉法人経営実務検定試験 会計3級 公式テキスト＆トレーニング【第2版】	A5判	2,640 円	好評発売中
サクッとうかる社会福祉法人経営実務検定試験 会計2級 公式テキスト＆トレーニング	A5判	3,080 円	好評発売中
サクッとうかる社会福祉法人経営実務検定試験 会計1級 公式テキスト＆トレーニング	A5判	3,520 円	好評発売中
サクッとうかる社会福祉法人経営実務検定試験 経営管理 財務管理編公式テキスト＆トレーニング	A5判	2,420 円	好評発売中
サクッとうかる社会福祉法人経営実務検定試験 経営管理 ガバナンス編公式テキスト＆トレーニング	A5判	3,080 円	好評発売中

社会福祉法人経営実務検定対策書籍は全国の書店・ネットスクールWEB-SHOPをご利用ください。

ネットスクール WEB-SHOP
https://www.net-school.jp/

ネットスクール WEB-SHOP　検索

※ 書名・価格・発行年月や表紙のデザインなどは変更する場合もございますので、予めご了承ください。(2024年10月現在)

社会福祉法人経営実務検定試験　会計3級

サンプル問題

ご利用方法

以下の別冊は、この紙を残したままていねいに抜き取りご利用ください。

下の図のように、別冊を開きホッチキスの針を外します。

針を外すさいは、必ず、素手ではなくドライバー等の器具をご使用ください。

なお、抜取りのさいの損傷によるお取替えはご遠慮願います。

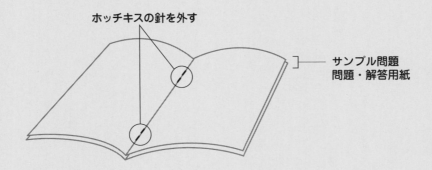

解答用紙ダウンロードサービス

解答用紙はダウンロードサービスもご利用いただけます。ネットスクールHP（https://www.net-school.co.jp/）から「読者の方へ」にアクセスしてください。

本サンプル問題は、一般財団法人総合福祉研究会の作成によるものであり、著作権も同会に帰属しております。

なお、本サンプル問題は、書籍制作時点で最新のものではありますが、変更されることもありますので、最新のものは一般財団法人総合福祉研究会のホームページにてご確認ください。

https://www.sofukuken.gr.jp/test-10/

会計3級サンプル問題問題用紙

試験会場番号

サンプル問題

社会福祉法人経営実務検定試験
問題用紙

会計 3 級

(令和〇年〇〇月〇日施行)

◇ 問題用紙及び解答用紙の指定の欄に試験会場番号・受験番号と氏名を記入してください。
◇ 解答用紙には所属も記入してください。
◇ 受験票を机の通路側に見えるように置いてください。

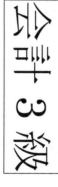

会計3級サンプル問題問題用紙

1 (20点)

「社会福祉法人会計基準」,「社会福祉法人会計基準の運用上の留意事項」及び「社会福祉法人会計基準の制定に伴う会計処理等に関する運用上の取扱いについて」についての次の文章の空欄にあてはまる適切な語句を下に示す語群の中から選んで答えなさい。

(1) 支払資金は,(ア)及び(イ)(経常的な取引以外の取引によって生じた債権又は債務のうち貸借対照表日の翌日から起算して一年以内に入金又は支払の期限が到来するものとして固定資産又は固定負債から振り替えられた(ア)又は(イ),(ウ)及び棚卸資産((エ)を除く。)を除く。)とし,支払資金残高は,当該(ア)と(イ)との差額とする。

(2) 資金収支計算書は,次に掲げる収支に区分するものとする。

① (オ)による収支 ② (カ)による収支 ③ (キ)による収支

(3) 事業活動計算書は,当該会計年度における全ての(ク)の増減の内容を明瞭に表示するものでなければならない。

(4) 貸借対照表は,当該会計年度末現在における全ての(ケ),(コ)及び純資産の状態を明瞭に表示するものでなければならない。

(5) 簿記の一巡の手続きでは,取引を仕訳帳や会計伝票に記録し,すべての取引を勘定科目別に集計した(サ)に転記し,試算表を作成する。

会計3級サンプル問題問題用紙

2 (20点)

次の取引についての仕訳をしなさい。

ただし、使用する勘定科目は最終ページに記載されている貸借対照表科目及び事業活動計算書科目から選択しなさい。

(1) 令和4年8月サービス提供分の介護報酬500を8月31日付で計上した。

(2) 給与支払いに係る源泉所得税50を普通預金から納税した。

(3) 設備資金借入金800を利息20とともに普通預金から支払った。

(4) コピー機60（固定資産計上が必要）の代金とともに、コピー用紙代金5を支払った。

(5) 帳簿価額10の車両を廃棄処分した。

(6) 職員の出張のため、見込まれる必要額8を先に本人に手渡した。後日、電車代6の領収書とともに2の返金を受けた。

(7) 決算時に翌期の賞与支払いに充てるため、引当金300を計上した。

(8) 正職員の俸給1,050と非常勤職員の俸給480から社会保険料160を預かり、残りを普通預金から支払った。

(9) 設備整備を目的とする寄附金100を受け入れた。

会計3級サンプル問題問題用紙

4 （40点）

次の令和4年3月の取引の仕訳を解答用紙の元帳に転記したうえで、「差引残高」欄の金額も記入しなさい（金額単位は省略している）。なお、「摘要」欄には仕訳の相手科目を記入し、相手科目が複数の場合は「諸口」と記入しなさい。また、（　）の金額は各自推定しなさい。ただし、各勘定を締め切る必要はなく、取引合計を記入する必要もない。

【仕訳】

取引日	借方 科目	金額	貸方 科目	金額
1日	事務消耗品費	235	現金預金	235
3日	現金預金	1,000	未収補助金	1,000
10日	1年以内返済予定設備資金借入金 支払利息	6,500 （　）	現金預金	7,135
15日	車輌運搬具	896	その他の未払金	896

会計3級サンプル問題問題用紙

注意事項

◇ この問題用紙及び解答用紙の中では、「社会福祉法人会計基準」（平成28年3月31日／厚生労働省令第79号）と、「社会福祉法人会計基準の制定に伴う会計処理等に関する運用上の取扱いについて」（平成28年3月31日／雇児発0331第15号・社援発0331第39号・老発0331第45号）及び「社会福祉法人会計基準の制定に伴う会計処理等に関する運用上の留意事項について」（平成28年3月31日／雇児総発0331第7号・社援基発0331第2号・障障発0331第2号・老総発0331第4号）を総称して、「会計基準」と表記している。解答に当たっては、令和4年4月1日現在の「会計基準」に基づいて答えなさい。

◇ 問題は大問 1 から大問 4 まであるので注意すること。なお、問題文は金額単位を省略して表示しているので、特に指示のない限り、金額を解答する際には単位を省略して算用数字で示すこと（漢数字や「2千」などの表記は不正解とする）。また、解答がマイナスになる場合には、数字の前に「△」をつけて「△1,000」のように記載すること。

◇ カンマの記入は「1,000,000」のように3位ごとに記載をすること。「1000000」のようにカンマがない場合やカンマの位置が誤っている場合は不正解とする。

◇ 次の勘定科目は「会計基準」に定められた貸借対照表科目及び事業活動計算書科目の一部である。特に指示のない限り、解答に使用する勘定科目はこの中から選択すること。勘定科目の名称は、下記の通りに記載すること（略字や、同じ意味でも下記と異なる表記はすべて不正解とするので注意すること）。

貸借対照表科目

サンプル問題

社会福祉法人経営実務検定試験

解答用紙

合計 3 級

本サンプル問題は、一般財団法人総合福祉研究会の作成によるものであり、著作権も同会に帰属しております。

なお、本サンプル問題は、書籍制作時点で最新のものではありますが、変更されることもありますので、最新のものは一般財団法人総合福祉研究会のホームページにてご確認ください。

https://www.sofukuken.gr.jp/test-10/

合計 3 級サンプル問題解答用紙

試験会場番号

（令和〇年〇〇月〇日施行）

会計3級サンプル問題解答用紙

1

		解　答　記　入　欄
(1)	ア	
	イ	
	ウ	
	エ	
(2)	オ	
	カ	
	キ	
(3)	ク	
(4)	ケ	
	コ	
(5)	サ	

会計3級サンプル問題解答用紙

（単位省略）

2

	借　　方		貸　　方	
	勘定科目	金　　額	勘定科目	金　　額
(1)				
(2)				
(3)				
(4)				
(5)				

3

会計3級サンプル問題解答用紙

	資金収支計算書	事業活動計算書
(1)		
(2)		
(3)		
(4)		
(5)		
(6)		
(7)		
(8)		

4

（単位省略）

現金預金

4年 月 日	摘要	借方	貸方	差引残高
3 1	前月繰越	—	—	60,321

事業未収金

4年 月 日	摘要	借方	貸方	差引残高
3 1	前月繰越	—	—	0

会計3級サンプル問題解答用紙

事 業 未 払 金

4年		摘要	借 方	貸 方	差 引 残 高
月	日				
3	1	前月繰越	ー	ー	2,984

その他の未払金

4年		摘要	借 方	貸 方	差 引 残 高
月	日				
3	1	前月繰越	ー	ー	0

職 員 預 り 金

4年		摘要	借 方	貸 方	差 引 残 高
月	日				
3	1	前月繰越	ー	ー	0

会計3級サンプル問題解答用紙

職員給料

月日		摘要	借方	貸方	差引残高
4年 3月	1日	前月繰越	—	—	34,891

非常勤職員給与

月日		摘要	借方	貸方	差引残高
4年 3月	1日	前月繰越	—	—	13,896

派遣職員費

月日		摘要	借方	貸方	差引残高
4年 3月	1日	前月繰越	—	—	10,895

車輌費

会計3級サンプル問題解答用紙

減 価 償 却 費

4年 月	4年 日	摘　要	借　方	貸　方	差 引 残 高
3	1	前月繰越	－	－	5,120

支 払 利 息

4年 月	4年 日	摘　要	借　方	貸　方	差 引 残 高
3	1	前月繰越	－	－	1,905

4

年月日		摘　要	借　方	貸　方	差引残高
3	1	前月繰越	—	—	10,895

事務消耗品費

年月日		摘　要	借　方	貸　方	差引残高
4年 月日					
3	1	前月繰越	—	—	2,895

業務委託費

年月日		摘　要	借　方	貸　方	差引残高
4年 月日					
3	1	前月繰越	—	—	8,159

4年 月	日	摘要	借　方	貸　方	差 引 残 高
3	1	前月繰越	－	－	6,500

介護保険事業収益

4年 月	日	摘要	借　方	貸　方	差 引 残 高
3	1	前月繰越	－	－	82,567

経常経費寄附金収益

4年 月	日	摘要	借　方	貸　方	差 引 残 高
3	1	前月繰越	－	－	325

年月日	摘要	借方	貸方	差引残高
4年 3月 1日	前月繰越	—	—	1,000

基本財産建物

年月日	摘要	借方	貸方	差引残高
4年 3月 1日	前月繰越	—	—	16,897

車輛運搬具

年月日	摘要	借方	貸方	差引残高
4年 3月 1日	前月繰越	—	—	5,823

(10)

3

(6)			
(7)			
(8)			
(9)			
(10)			

2

	1	

(6)	ス	
	セ	
	ソ	
	タ	
(7)	チ	
	ツ	
	テ	
	ト	

所属	該当する項目に☑をご記入ください □社会福祉法人役員　　　　　　　　□会計事務所職員 □社会福祉法人（社協以外）職員　　□公務員 □社会福祉協議会職員　　　　　　　□学生 □金融機関職員　　　□会社員（役員を含む）　□その他（　　　　）	
受験番号	氏名	得点

1 年以内回収予定長期貸付金　短期貸付金　仮払金　土地　建物　構築物　機械及び装置
車輌運搬具　器具及び備品　ソフトウェア　投資有価証券　長期貸付金

(負債の部)
短期運営資金借入金　事業未払金　その他の未払金　1 年以内支払予定設備資金借入金　預り金　職員預り金　長期未払金
1 年以内返済予定長期運営資金借入金　1 年以内返済予定長期設備資金借入金　長期運営資金借入金　退職給付引当金
前受金　仮受金　賞与引当金　設備資金借入金

(純資産の部)
基本金　国庫補助金等特別積立金　次期繰越活動増減差額

事業活動計算書科目

(収益の部)
介護保険事業収益　老人福祉事業収益　児童福祉事業収益　保育事業収益　就労支援事業収益
障害福祉サービス等事業収益　生活保護事業収益　医療事業収益　経常経費寄附金収益
借入金利息補助金収益　受取利息配当金収益　施設整備等補助金収益　施設整備等寄附金収益
長期運営資金元金償還寄附金収益　固定資産売却益

(費用の部)
役員報酬　職員給料　職員賞与　賞与引当金繰入　非常勤職員給与　退職給付費用　法定福利費
給食費　介護用品費　保健衛生費　医療費　被服費　教養娯楽費　日用品費　保育材料費
本人支給金　水道光熱費　燃料費　消耗器具備品費　保険料　賃借料　教育指導費　保育指導費
葬祭費　車輌費　福利厚生費　職員被服費　旅費交通費　研修研究費　事務消耗品費　印刷製本費
修繕費　通信運搬費　会議費　広報費　業務委託費　手数料　土地・建物借料　就職支度費
租税公課　保守料　渉外費　諸会費　減価償却費　国庫補助金等特別積立金取崩額　徴収不能額
支払利息　基本組入額　固定資産売却損・処分損　国庫補助金等特別積立金積立額

日	（借方）科目	金額	（貸方）科目	金額
18日	現金預金		経常経費寄附金収益	800
		800		800
20日	職員給料	3,250	現金預金	4,025
	非常勤職員給与	1,295	職員預り金	（　）
20日	派遣職員費	1,100	事業未払金	1,100
31日	業務委託費	785	事業未払金	785
31日	事業未収金	7,575	介護保険事業収益	7,575
31日	減価償却費	480	基本財産・建物	420
			車輌運搬具	60
31日	事業未払金	530	現金預金	530

3 (20点)

次の取引につき、資金収支計算書・事業活動計算書のそれぞれに計上されるもの、計上されないものがある。計上されるものには○、計上されないものには×を記入しなさい。

(1) 翌月分の事務所家賃を大家に支払った。

(2) 器具備品に計上していたカラオケ機器が故障したため、廃棄処分した。

(3) 園庭に設置する遊具（固定資産）を購入・設置した。

(4) 30年返済の設備資金借入金が普通預金に入金された。

(5) 当月分の設備資金借入金を返済予定通り支払った。

(6) ソフトウェアの減価償却費を計上した。

(7) 修繕積立金を積み立て、同時に普通預金から定期預金に当該資金を移動した。

(8) 国庫補助金等特別積立金を取り崩した。

(9) その他の未払金に計上していた、大規模修繕代金を支払った。

(10) 職員の健康診断費用を事業未払金に計上した。

い資産については、減価償却を行うことができないものとする。

減価償却の方法としては、（　ス　）固定資産については（　タ　）法又は（　チ　）法のいずれかの方法で償却計算を行う。また、ソフトウェア等の無形固定資産については（　タ　）法により償却計算を行うものとする。

（７）　法人は、（　ツ　）をもとに資金収支予算書を作成するものとし、資金収支予算書は（　テ　）区分ごとに収入支出予算を編成することとする。また、資金収支予算書の勘定科目は、資金収支計算書の勘定科目に準拠することとする。

法人は、全ての収入及び支出について予算を編成し、予算に基づいて事業活動を行うこととする。

なお、年度途中で予算との乖離等が見込まれる場合は、必要な収入及び支出について（　ト　）を編成するものとする。ただし、予算と実績との乖離額等が法人の運営に支障がなく、軽微な範囲にとどまる場合は、この限りではない。

（語群）

資産　負債　収益　費用　流動資産　固定資産　流動負債　固定負債　純資産　サービス活動　特別増減
サービス活動外　事業活動　施設整備等　その他の活動　引当金　賞与引当金　退職給付引当金　精算表
総勘定元帳　決算書　当期資金収支差額　当期活動増減差額　当期末支払資金残高　次期繰越活動増減差額　事業
１　３　５　10　20　有形　無形　土地　建物　定額　定率　直接　間接　借入金償還計画　事業計画
長期計画　拠点　サービス　当初予算　補正予算　貯蔵品

◇解答は鉛筆で明瞭にご記入ください。ボールペンの朱インクは不可です。脱字・脱字・略字は不正解とします。

◇解答欄には解答以外の記入はしないでください。解答以外の記入がある場合には不正解とします。

◇金額は3位ごとにカンマ「,」を記入してください。3位ごとにカンマ「,」が付されていない場合には不正解とします。

◇使用する勘定科目は特に別段の指示のない限り、必ず裏表紙の注意事項に記載の勘定科目を使用してください。同じ意味でも裏表紙の注意事項に記載の科目を使用していない場合は不正解とします。

◇検定試験は各級とも1科目100点を満点とし、全科目得点70点以上を合格とします。ただし、各級・各科目とも、設問のうちひとつでも0点の大問がある場合には不合格とします。

◇試験時間は11：30から12：30までの60分です。

◇途中退室は12：00から12：20の間にできます。途中退室された場合は再入室することはできません。なお、体調のすぐれない方は試験監督係員に申し出ください。

◇試験開始時間までに、裏表紙の注意事項をお読みください。

◇問題用紙・解答用紙・計算用紙はすべて回収し、返却はいたしません。

◇問題と標準解答を12月○日（月）午後5時に、（一財）総合福祉研究会ホームページで発表します。

◇合否結果は1月中旬ごろにインターネット上のマイページで各自ご確認ください。なお、個別の採点内容や得点等についてはお答えいたしかねますのでご了承ください。

◇合格証書は2月初旬ごろご自宅に発送いたします。

受験番号		氏名	

ネットスクール出版